続 ヒロシマ対話随想

関千枝子
中山士朗

西田書店

まえがき

『続ヒロシマ対話随想』をお届けいたします。これは「知の木々舎」（立川市　横幕玲子代表）に、前回の「対話随想」が終わった後、二〇一八年暮から「余滴」として発信していた往復書簡をまとめたものです。幾度もこれが最後としながら、「なにこれは？」と思われる方もおられると思います。少しこの間の経緯を説明させて頂きます。

　私、関千枝子が学校の先輩である中山士朗さんを誘い、知の木々舎のブログ「核なき世界をめざして」のコーナーに「ヒロシマ往復書簡」を始めたのは二〇一二年四月のことでした。私が書いた第一信を今でも鮮明に覚えています。中山士朗さんの原爆症認定が却下されたことに対する怒りでした。中山さんは爆心から一・五キロの地点で被爆、重い火傷を受け、心臓が悪くペースメーカーを入れています。しかし、厚労省は心臓疾患は原爆に起因しないとしたのです。裁判で訴えることを薦めた私に、中山さんは、「自分は金が欲しいのではない。ただ、ヒバクシャとして死にたいのである。残念だが、訴訟に費やすエネルギーは別のところに使いたい」と訴訟を断られたのでした。

往復書簡のことは別に何を書くか決めたわけではないのに、二人の間では被爆関係の新しい事実や思い出すことなどが出て、改めて原爆というものの巨大さを知りました。往復書簡は、ほぼ二年ごとに本にまとめ、二〇一六年八月までを『ヒロシマ往復書簡』Ⅰ集、Ⅱ集、Ⅲ集にまとめ、これをもって一区切りとしました。しかし三巻刊行後も、ヒバクシャは死ぬまで書き続けると知の木々舎のブログに「対話随想」と題して書き続けました。

ところが、二〇一七年、思いがけないことが起こりました。画期的な「核兵器禁止条約」ができました。しかし、日本政府はこの条約の審議にも出席しないという恥ずかしい態度で、怒りに堪えないのですが。この間、中山さんが大腸がんを発症しました。中山さんは手術も抗がん剤も択ばず、自然にそのまま暮らすという道を択ばれたのですが、その後がんの進行はゆるやかで、今も穏やかに過ごされています。そして、がん発症によって、原爆症に認定されるという皮肉なことも起きました。

このような中で、私たちの対話随想を一冊にしたらという声が起きました。しかし、出版状況が悪化するなかでの刊行は困難だったのですが、二〇一八年一一月「対話随想」の出版に成功しました。奇跡的な事でした。

その後、ブログは「余滴」と名付け続けました。忘れ残りの繰り言かもしれないが、という思いで名付けたタイトルでした。

二〇二〇年の初夏、中山さんから突然、二〇二〇年八月までの「余滴」をまとめたい。応分の

まえがき

出版費用は自分が持ちたい。原爆症の医療手当をこれにあてたい、という提案です。

私は、二〇二〇年八月は、被爆七十五年の年で確かに節目の時なのですが、新型コロナウイルスで社会が混沌としている今、今年でいいのかという気持ちがあり少し抵抗があったのですが、「余滴」を読み返してみて、この時期、中山さんも、がんやそれにともなう病気で健康が少しずつ悪化している心配、また丈夫だけが取り柄のような私も、二〇一九年大腿骨骨折し、「介護支援」を受けているようなありさま。ともかく二人がまだちゃんと書き続けているうちに残しておきたいという中山さんのお気持ちがよくわかってきました。

原爆症医療手当を使うことについて、知の木々舎代表の横幕玲子さんも「こういうことに使うことは、それこそが手当ての精神に副うこと」ではないか、と言ってくださり、この本が誕生しました。以前の四冊に比べ、二人の生活面での繰り言なども入っておりまして、見苦しいかもしれませんがご容赦ください。

題名は「余滴」と言ってしまうとあまり「忘れ残り」のようで、（まだまだ活動もしていますので）表題とさせていただきました。

なお二人の書簡（ブログ）はまだ「知の木々舎―核なき世界をめざして」で続けておりますので、お読みいただけましたら幸いです。

二〇二〇年一二月

関　千枝子

続 ヒロシマ対話随想［2018-2020］目次

核兵器禁止条約を批准しない国で

二〇一八年十一月

●関千枝子から中山士朗さまへ

「対話随想・余滴」を始めさせていただきます。先の「対話随想」が48回で終わり、一冊の本にまとめることができました（『ヒロシマ対話随想〔2016-2018〕』二〇一八年刊）。

ヒバクシャ物書きの端くれとして死ぬまで原爆のことは書き続けたいので、書き残したことを書きたいと、ブログでは「余滴」と名付けたのですが、どうも昨今の状況、日本だけでなく世界が「右寄り」になっているようで、余滴どころではない、怒りの炎になるかもしれません。

核兵器禁止条約の署名など、考えもしない、忘れてしまったような安倍さん、憲法改悪にはますます熱心なようです。日本ばかりではありません。米国トランプ大統領のやり方は、核軍縮どころか、新たな核兵器の開発であり、中国との貿易戦争とも合わせ、まるで、新たな冷戦というか、戦争前夜を思わせます。トランプ氏のやり方には、さまざまな国々から批判が出ているようですが、ブラジルの新大統領に「南米のトランプ」と言われるボルソナーロ氏が当選するし、「批判派」の代表のように言われるドイツのメルケル首相の政党が選挙で支持率を落とし、メルケルさんも二〇二一年には引退など聞くと、とても不安に思えます。メルケルさんがここへ来て人気が急落したのは難民へ寛容な政策をとっているからと言われていますが、ヨーロッパの国々では、難民に対し、厳しく対応する国々が増え、EUの政策へも批判厳しいといいます。

まことに、難民の問題は大問題で、あれ程多くの人たちが流れ込むと、これはたまらんということになります。ヨーロッパでも貧しい国々は、難民のために、決して豊かでない自分の国がなぜ人を助けなければならないのだ、ということになり、独り勝ちのドイツへの反発になり、経済安定のドイツでも、いくら何でも、もう満杯だ、という声が起こるのも無理もない面もあります。

難しいことですが、でも「自分の国ファースト」は、独りよがりのナショナリズムになり怖いのですが。貧困層の人びとがこうした考えになびきがちなのも、恐ろしいことです。

私は、私たちの生まれたころ（一九三〇年頃）、不況（大恐慌）、そして不作、飢饉の日本で、「生命線」と言われた満州に「希望を見出した」人々と、それからの恐ろしさを思い出さざるを得ないのです。


まあ、こんなことを考えているだけでなくて毎日いろいろ忙しいのですが、先日、行われた竹内良男さんの「ヒロシマ連続講座」の話からいたしましょう。

この講座のことは前にも伝えましたが、はじめ月一回くらいでやっていたのが今は月二回三回やることもあり、先日私が参加しました十月二十日の会は六十回目でした。六十回という数にも、驚きますが、とにかく毎回二十人から三十人くらいの方が参加、テーマも原爆から広く戦争、平和へと広がっていて、リピーターも多いのですが、毎回新しい方も来ます。この日は久し振りに、広島原爆そのもの、「被爆者に寄り添っての暮らし—被爆証言に向き合う」でした。「寄り添う」などと言うと、何だか、天皇、皇后の「公務」のようで嫌ですが、今日話された居森公照さんは、まさにヒバクシャに、いえ、反原爆に、「寄り添った」方でした。

居森さんの妻清子さん（二〇一六年没）は、なんと爆心地から四一〇メートル、本川国民学校の生き残りです。多分、原爆に一番近いところで被爆した方です。本川国民学校に生き残りがいるということは私も前から聞いて知っていました。しかしこの方が一九六二年ごろから横浜に来て暮らし結婚し、ずっと横浜暮らしだったなど全く知りませんでした。私も横浜に住んでいたことがあります。その間にアメリカに住んでいたこともありましたが三十年余横浜で暮らしました。でも、居森清子さんが横浜に住んでおられることなど全く知りませんでした。このことだけで胸を締め付けられるような思いとなり、原爆については、いろいろ知っているつもりでも知らなかったことが無数にあるのではないかと、反省もし、胸も痛みました。

居森清子さん自身が書かれた証言記録によると、清子さんは当時本川国民学校六年生、同級生の多くは学童疎開に行っていましたが、彼女は、お父さんが死ぬときは家族いっしょがいいと言われたので、集団疎開に参加しなかったそうです。

あの日、学校に着き靴脱ぎ場で上履きに履き替えようとした時、あたりが真っ暗になった。彼女はピカの光も見ず、音も聞こえなかったと言います。本川国民学校は広島では当時珍しい鉄筋の建物で、コンクリートの壁の陰になって火傷もしなかったようです。真っ暗な中、周りが少し見えるようになったので運動場に出た、その時ものすごい熱さを感じたと書いておられます。

校舎の全ての窓から炎が出燃え上がり、二人の先生が校舎から出てきて、川に逃げようと、校舎のすぐ裏の元安川に向かった。体全部が黒焦げになった友を助けて川に入った。熱さから逃れるため水をかぶり続け、火が少し収まるのを待って校庭に這い上がったがその時黒い雨が降ってきた。家のことも何も考えられず、ただふらふら歩いていたそうです。そこで救援のトラックに助けられ、町内ごとに決められていた避難先の田舎に行きましたが、そこで一週間何も食べられず寝ていた。

父母や弟がどうなったか全くわからず、呉のおばさんに引き取られましたが、髪の毛は全部抜け、放射能障害に悩まされ、食糧難で、ひもじく、辛い毎日でした。いつも両親のことを思い、涙を流していたと書いてあります。

どうやら中学を卒業、美容院で住み込みで働くようになりましたが、体がだるくて起きていることもできない日が続いたそうです。一九六二年ごろ新しい生活を求めて横浜に出、いろいろ仕事をしましたが、その時今の夫のお母さんに会い、優しく助けてもらった。そして、被爆者であることを承知のうえで、夫は結婚してくれました。（夫の居森公照さんのお話では、その頃原爆症のことが大分言われるようになっていたが、自分も清子さんが好きで、結婚されたそうです。）

横浜市鶴見区生麦の社宅に住んでいた一九七二年頃、広島大学で原爆の調査をしていた湯崎稔先生がたずねてこられて、本川国民学校のその後のことも教えてもらいました。清子さんの両親も被爆直後郊外の寺に運ばれ亡くなり、弟は母の目の前で焼け死んだということも、その時湯崎先生に教えてもらい知ったそうです。

その後膵臓、甲状腺、大腸がん、多発性髄膜腫と病気続きでしたが、夫に支えられ、奇跡の生存者として六〇歳くらいから体験を証言し続けました。今は夫の公照さんが亡き妻のことを語り続けておられます。清子さんは二度流産し、お子様はないそうです。「亡き妻の思いを大勢の人に伝え、戦争はしてはいけないということ、核兵器の恐ろしさを伝えたい」。

と、公照さんは言われます。妻に寄り添い続けた一生、もはや被爆の継承者というよりヒバクシャそのものかもしれません。

しかし、清子さんは、まだまだ言えない思いがあったのではないか。呉のおばさんの所でひもじかったと書いていますが、それ以上に辛かったかもしれませんね。呉のおばさんの家族構成もわかりませんが、その方も小さい子どもさんがあったと思います。あの時代、自分の一家だけでも暮らしにくい時代です。親類の子を育てるのは苦痛ではなかったか。

原爆だけでなくほかの空襲でも、たくさんの孤児を生み出しました。公的な施設ではとても間に合わない。この国の政府は、その世話を「親類」に押し付けた。そんな戦争孤児の中で今でもその頃のことを言えない、書けない人が多くいます。預かった方も大変だったのですから。とにかく育ててくれた人を悪く言えませんからね。

清子さんの詳しい事情を知らないのに勝手な事を書いてしまいました。しかし、清子さんは素晴らしい夫にめぐり合い、寄り添ってもらい生きた。それは本当に幸せでしたね、と言いたいです。でも、家族全部を奪われ、自分も放射能障害で一生苦しみ、原爆さえなかったら、と思い続けられたでしょう。本当に、世界から核核兵器を廃絶し、恒久の平和を、と思わざるを得ません。

●中山士朗から関千枝子さまへ

お手紙の始めに、〈書き残したことを書きたいと「余滴」と名付けたのですが、どうも昨今の状況、日本だけでなく世界が「右寄り」になっているようで、余滴どころではない、怒りの炎になるかもしれません〉とありました。私もそのような思いも致しておりますが「水の一滴、岩をも穿つ」と言いますから、「余滴」でもよいのではないかと考えたりしています。

それにしても、米国トランプ大統領の「アメリカ第一主義」は、第三次世界大戦の勃発を予感させてならないのです。第二次世界大戦の始まる動機となった日本に対する経済封鎖、ＡＢＣＤ包囲網、現代における北朝鮮、イランに対する経済封鎖、ひいては米中貿易摩擦には、不吉な予感を抱かずにはいられません。

話が後先になりますが、偶然とは言え、同じ発言に出くわしたことについて書いてみたいと思いました。

私たちの『ヒロシマ対話随想』（以下一部は『対話随想』と略す）で、資料の保存について、「実は私も最近になって、自分の書き残した作品の全てを保管してくれるところを探しているところです。子どもがいない私には、死後は他の書籍同様に廃棄物として処理されるだけです。現在、二、三人の人に相談しておりますが、母校である広島一中の同窓会の会館がいいのではないかという話も出ておりますが、いずれにしても生涯かけて被爆体験を書き続けてきた私にとっては生きた証でもあり、亡くなった人たちの記憶を消さないためにも、何とかして後世に委ねたいのです」と書いています。

そして関さんには、種々お骨折りいただいた経緯がありますが、その時、私がその動機について述べたのと同様な言葉を、作家の村上春樹さんが記者会見で説明されている記事が十一月四日の朝日新聞に掲載されていて、不思議な思いにとらわれたのでした。

村上さんは、このたび母校である早稲田大学に原稿や自身の蔵書、世界各国で翻訳された著作や膨大なレコードコレクションなどの資料を寄贈することを発表されましたが、その理由として「子どもがいないので、僕がいなくなった後、資料が散逸すると困る」と説明されていました。村上さんは、現在六十九歳の若さですが、子どもがいない人の思いは、残した仕事への深い愛着がこめられていることをあらためて知った次第です。

大学は資料を活用し、村上さんの名前を冠した研究センターの設置を検討していますが、来年度から資料の受け入れを始め、施設の整備を順次進め、蔵書やレコードが並ぶ書斎のようなスペースも設置する計画だと発表しています。

この記事を読みながら、いつか『対話随想』で、関さんが村井志摩子さんの没後の資料について書いておられたことを思い出しておりました。広島にも原爆に関する文学や芸能の資料センターのような施設ができないものかと思っております。

話が前後してしまいましたが、竹内良男さんの「ヒロシマ連続講座」六十回目の「被爆者に寄り添っての暮らし――被爆証言に向き合う」というテーマでの居森公照さんの証言を読み、深い感動を覚えました。そして、居森さんの亡くなられた妻、清子さんが、爆心地から四一〇メートルという至近距離にあった本川国民学校（当時）で被爆され、二〇一六年に亡くなられたことを初めて知りました。ずっと以前、本川国民学校で被爆された方がご存命だということは聞いたことはありましたが、現実にその生涯を知ったのは初めてです。その苦難に満ちた人の日常を支え、寄り添ったご主人の証言には胸衝かれるものがありました。

清子さんは、原爆で家族全員を奪われ、自身は、膵臓、甲状腺、大腸がん、多発性髄膜種を患い、夫に支えられ、奇跡の生存者として六十歳くらいから体験を証言し続けたと手紙にはありました。今は、夫の公照さんが亡き妻のことを語り続けておられるそうですが、関さんの言われるように、妻に寄り添い続けた一生は、もはや被爆の継承者というよりヒバクシャそのものかもしれません。

生涯を放射能障害で苦しんだ清子さんのことを手紙で読んでいる時、私は、爆心地から七〇〇メートル離れた広島一中で、倒壊した校舎から脱出することができた生徒の一人が、その後、多発性がんに侵され、九回も手術したという話を思い出さずにはいられませんでした。

私は昨年、大腸がんが発見され、そのことによって六年前に否認された原爆症の認定を受けることができました。爆心地から一・五キロメートル離れた地点で被爆し、顔に広範囲の火傷を負いましたが、後遺症のケロイドに悩み、自殺を考えながら暮らした少年から青年期にさしかかった頃のことが痛切に思い出されるのでした。ましてや、多臓器がんに侵された人たちの苦悩は、到底はかり知ることはできないと思いました。

このたびのお手紙でさらに驚いたのは、広島大学の湯崎稔先生の名前が出ていることでした。私は、湯崎先生とは、京都・比叡山麓の一条寺の里にある円光寺でお会いしたことがあるのです。

このお寺には、昭和一八年に来日して広島文理科大学に留学した南方特別留学生、マレーシア出身のサイド・オマールの墓地があるのです。原爆が投下された日、爆心地からほど近い大学の寮にいて被爆し、昭和二十年八月三十日、東京の国際学友会に引き上げる途中で、病状が悪化したために、京都駅で途中下車して、京都大学付属病院に入院しましたが、九月三日に死亡しました。享年十九歳でした。遺体は市の民生局に引き取られ、大日山の共同墓地に埋葬されたのでした。後に、園部健吉氏に引き継がれて回教様式の墓が円光寺に完成したのでした。

その墓の前面の碑には、

オマール君

君はマレー半島からはるばる
日本の広島に勉強しに
来てくれた
それなのに君を迎えた
のは原爆だった　嗚呼
実に実に残念である
君は君を忘れない
日本人のあることを
記憶していただきたい
武者小路実篤

と刻まれていました。

私が湯崎稔先生と初めて会ったのは、園部健吉氏からオマール忌の案内状を頂き、その法要に参列した折のことでした。湯崎先生は、学長に付き添って見えておられたのです。

母をとおくにはなれてあれば、
　南に流るる星のかなしけり

オマールの遺詠です。

井上光晴さんの励まし、ゲートルの焦げ目

二〇一八年十二月

●関千枝子から中山士朗さまへ

〝暑い夏〟〝温かい秋〟も、ここへ来て少し涼しくなり、気づいてみれば師走です。あれから色々ありました。行事も多く、何やかやとせわしく、折角始めた「終活作業」も少しも進まず、再来年の予定も入って、あと二年くらい死ねないぞ、など思っています。

参加した行事も、偲ぶ会あり、出版記念会あり、さまざまですが、私たちの同世代、とにかく戦争の痛みが心に残っていて、傷ともなり、あるいは出発点でもあり、あの十五年戦争の意味を、もう一度考えたりしました。

その中で十一月十七日に行われた加納実紀代さん（歴史研究者、彼女の肩書は色々上げられますが、この言い方が一番ふさわしいと私は思います）の出版記念会。彼女は戦争中、女も戦争を担ったことを最初に言いだし、グループを作り、研究誌（「銃後史ノート」）を出し続け、大学の先生になります。私は彼女の仕事を取材し続け四十年近くになります。彼女はその名前が示すように紀元二千六百年の生まれ、私よりずっと若い彼女が、肺気腫で体が悪いことをきき、心配していました。このたび一冊新刊を出され、出版記念会と聞き、彼女の最後の本での別れの会と思い

込み、出かけたのですが、彼女想像していたより元気で、声もよく出、新しい本の企画なども言われ、少し安心しました。

今度の新刊の本のタイトルは『「銃後史」を歩く』です。銃後史の研究のことが中心なのですが、冒頭がヒロシマでの被爆の体験談なのです。やはり彼女の人生、そして生き方の始まりが広島原爆だったのだな、と思いました。

彼女は三歳の時、二葉の里で被爆しています。屋外で遊んでいて被爆。でも、運よく日陰で火傷はしなかったのですが、彼女はピカを鮮明に覚えています。近所の少女が疎開作業に行って傷つき、ジャガイモのように皮膚が剥けているのをはっきり記憶しています。

でも、私が、この話を聞いたのは彼女と知り合ってから大分後で、私が被爆者と彼女が知ってからも、なかなか自分のことは言ってくれなかった。しかし彼女の被爆の思いは深く、放射能への恐れも持っています。何しろ爆心から二キロ、そして屋外ですから。複雑な気持ち、よくわかります。

とにかく彼女の研究に、紀元二千六百年と原爆が深く関係していたことは間違いありません。そして、彼女は、女たちの被害と加害（それまで誰も言わなかった）に目を向けて行った。これは、私の思いとも重なり、私は「銃後史ノート」の取材に夢中になり、多くのことを教わるのですが。

（注）このとき、元気に見えた加納さん、二〇一九年に入ってがんが悪化、二月二十日に亡くなられた。そのことを書こうと思った三月初め、私は骨折し、手術、三カ月の入院でブログで加納さんのことに触れたままになってしまった。新しい本の企画は不可能となり、彼女は無念だったのではないかしら。私は本当に彼女の早すぎる死を残念に思います。

加納さんの会の前、十一月十一日は大阪に劇団大阪のお芝居を見に行きました。この会の前代表・熊本一《はじめ》さんとは深いおつきあいで、いつも公演のプログラムを送っていただいているのですが、なかなか大阪に行けずにいたところ、今回は井上光晴さん原作の『明日』だというので急に行く気になったのです。

井上さんの『明日』、素晴らしい作品だと思います。一九四五年八月八日の長崎。その日に結婚式を挙げる人。お産をした人。牢屋にいる夫に会いに行く人……。様々な人が暮らし、その日を送っています。この人々が明日（八月九日長崎原爆の日）どうなるかわからない、明日をそんな日と想像する人もいない。〝明日〟どうなったか何も書いていませんが、無事であったとは思えないのですが。

劇団大阪も『明日』は二十年ぶりの上演、二十年前の脚本で演ずるそうです。

私、井上さんには「恩義」がありまして。これも三十余年前のことです。井上さんが個人誌「辺境」の第二次を出すという話を新聞で読み、思い切って手紙を出してみました。〝辺境〟の中でも最も崖淵のところにいるのが母子家庭、その貧困の現実を書きたいと書いたので。すぐ井上さんから電話がかかってきました。「書きなさい、すぐ！」と言われるのです。私がくどくどと、自分は『広島第二県女二年西組』（以下一部は『二年西組』と略す）という本を出していて、などいうと、「わかっている、もう読んだ」と言われるのです。そして「一〇〇枚書きなさい！」

驚きました。雑誌に書く文章など大体二〇枚か三〇枚です。え、と驚く私に「ちまちましたことを考えるな、一〇〇枚書きなさい！」。結局、七〇枚ずつ三回書かせてもらい、これがもとになり『この国は恐ろしい国』（農文協）という一冊になりました。

劇団大阪の本拠・谷町劇場は、谷町六丁目、ビルの一角にある稽古用舞台といった小さな劇場です。芝居だけでは到底採算がとれないこうした劇団がともかくやっていられるのは、この劇場を持っているからと言います。谷町は昔、中小の町工場が立ち並んでいたところで、それが再開発され今の街になったそうで、工場は今一軒もありませんが、下町風で庶民的です。地下鉄の駅から劇場まで歩く道すがら空堀という通りがありますが、そこに、「ハイカラ通り」という看板が掛けてあります。なるほど。しゃれた感覚。いいね！

劇場に着くと、小さな劇場ですがほぼ満員です。この日だけでも二回、全部で六回も公演するのに立派なものです。

皆さん、とにかく熱演で、感動しました。服装も戦争中らしいもので、苦労があったろうと思いました。男の人にもちゃんとゲートルを巻かせていましたが、（今の人ゲートルと言ってもわからず、テレビのドラマでも戦中なのにしゃんとした背広、ネクタイなどして笑ってしまうことがあります）、ゲートルには困ったのでしょう、手作りでしたが、ゲートルらしからぬ布地で、これはどうしようもありませんかね。『明日』が原爆と一言も言わない舞台、見る人がピンと来るかしらと心配になりました。おそらく二十年前初演の時は、大半の人がピンと来ていたのでしょうが。

熊本さんも私を歓迎してくださり舞台終了後、劇団の方々と会食の場を設けてくださいました。そこで、熊本さんの指導するシニア劇団の方々が夏に京都の教会で『二年西組』を演じてくださったこと、皆様とても喜んで素晴らしい感想が来ていることなど、伺いました。そして驚いたことに、シニア劇団の方々、全国どこへでも出張公演しますよと『二年西組』を宣伝してくださっているのだそうです。そして、明後年、ちょうどオリンピックのとき、東京で第二回のシニア劇団全国大会があるのだそうですが、これに『二年西組』を出したいと言われるのです。私は驚き喜び、「それまで頑張って生きています！」と言ってしまいました。

この後、奈良に行き例の「原爆地獄」の本を出された河勝さんに逢いました。（と、偉そうなこと言いますが、初めて同然の土地、熊本さんに連れて行っていただきやっと行けたのですが）。

河勝さん、八九歳。ますますお元気です。被爆の証言をした中学時代からの親友岡田悌次さん、同じく学友の栄久庵憲司さんも亡くなり、もうお金の面でヘルプしてくれる人が亡くなり、本を出すのは無理、それで電子本を作るのだそうです。今までの「原爆地獄」の本の集大成。英語版。アマゾンなどにも出し、世界中で読んでもらえると気宇壮大な話です。

そんな活動の一方、長唄、謡、詩吟、書道、絵を習い、長唄は名取り。他は半プロの腕前、いま描いている絵を見ましたが、大きなキャンバスに被爆死した人々のことを少しシンボリックな筆使いで書いておられます。とにかくお元気な事驚いてしまいました。本当にすごい人です。私も体が弱っただの、原稿を書くのが遅くなっただの言ってはおられません。二〇二〇年まで頑張らなければと思いました。

●中山士朗から関千枝子さまへ

新聞のコラムによれば、暑い夏の後には寒い冬が訪れると諺にある由。

とにかく、この寒さに身も心も縮み、とうとう今年も身の回りの始末をつけないまま師走を迎えたという思いに沈潜しています。

このたびの関さんのお手紙を読みながら、書くということは、大勢の人と出会い支えられ、支えて生きていくものだとつくづくと感じました。そして、そこには作品の運命も関わっているように思いました。

とりわけ、関さんと井上光晴さんとの出会いをこのたびの劇団大阪による『明日』の公演を通じて回顧される場面を読んで、はじめて知りましたが、物書きが歩んだ一端をうかがい知ることができました。同時に、その頃から関さんとのつながりがあったことに驚いております。

と言いますのは、その頃、私も井上光晴さんの作品をしきりに読んでいたからです。

お手紙を読んだ後で、書庫を覗いて調べてみましたら、『流浪』『暗い人』『乾草の車』『黄色火口』『階級』『残虐な抱擁』『虚構のクレーン』『幻影亡き虚構』『地の群れ』『九月の土曜日』『辺境』『明日』『眼の皮膚』『曳舟の男』『暗い人』と十五冊もありました。

そして、井上光晴さんから頂いた葉書のことを思い出しました。手紙の束から取り出して、改めて読みなおしました。


「死の影」頂きながらお礼がおくれました。今「石の眠り」一篇を読んだところです。何かつらい感じでした。どうかがんばって下さい。文学は困難な道ですが、歩き続けるより仕方ありません。時間をみつけてほかの作品をよみます。

葉書の住所は、世田谷区桜上水四の一となっており、その頃私が住んでいた三鷹市中原四丁目宛てに頂いたものです。

はからずも、関さんのお手紙によって、井上光晴さんの作品に親しんでいた頃の私を思い出しながら、その頃は関さんとお目にかかる機会はありませんでしたが、現在、ご縁があって六年にわたって往復書簡を続けさせてもらっているのが不思議に感じられてなりません。

それとは別に、関さんが母子家庭の現実を書きたい、と井上光晴さんに手紙を出した後の電話で、次のような言葉がありました。

「書きなさい、すぐ」、「わかっている、もう読んだ」、「一〇〇枚書きなさい」、「ちまちましたことを考えるな、一〇〇枚書きなさい」。

この言葉によって関さんは、井上光晴さんの個人誌「辺境」に七〇枚ずつ三回にわたって書かれました。これは後に農文協から『この国は恐ろしい国』となって出版されたということをこのたびはじめて知りました。

この個所を読みながら、私が吉村昭さんに出会った頃のことが思い出されました。

丹羽文雄さん主宰の『文学者』に加入する前のことです。ある同人雑誌に載せた作品を吉村さんに読んでもらったところ、「原爆は君にしか書けないんだ。それを書くだけの力が君にある」と励まされたのでした。そして、私は『文学者』に七〇枚の作品を載せてもらったのです。それは後に一〇〇枚に書き直し、吉村さんの紹介で南北社から発行されていた『南北』に「死の影」として掲載されたのでした。そして、昭和四十二年十月に『死の影』となって世に問われたのでした。関さんと同じような経路をたどって、処女作が世に出たように感じております。

そして、劇団大阪の公演舞台の中でのゲートルの話の場面、なるほどなあ、と思いながら読ませてもらいました。

昭和十八年四月に中学校に入学した私たちは、入学早々に配給されたのは、スフ織りの制服と制帽、ゲートルでした。いずれも当時、国防色と言われたカーキ色のものでした。そして、最初に、軍事教練の配属将校からゲートルの巻き方について教えられたのでした。軍足と呼ばれる靴下の上部を下ろし、そこに三角形に折りたたんだズボンの端を置き、その上に軍足を元に戻し、そしてゲートルを巻いていくのですが、最初の二段は斜めに折ってそれから膝まで巻いていきます。朝、家を出るときに巻いて行き、下校して家に着いてはじめてゲートルを解くのです。そして、固く巻き戻しておくのです。巻き方が緩いと、軍事教練や行軍の最中にたるみ、列外に出て巻き直しをしなければなりませんでした。

この厄介な代物を、敗戦直後、私は原爆で焼け野原になった土の上で燃やしたことを今でもはっきりと思い出すことができます。そのゲートルには、原子爆弾が炸裂した際の熱線によって濃い焦げ目が残っていました。

このゲートルという名詞、死語になったかなと思って念のため辞書で調べてみましたら、「フランス語―西洋のきゃはん。まききゃはん」とありました。

3

二〇一八年十二月の回顧と被爆者八十八歳の新年

二〇一九年一月

●関千枝子から中山士朗さまへ

二〇一九年の年明けですが、素直に「おめでとう」と言えず、なんとも不安いっぱいの世界の情勢です。でももう、できないのではないかと思っていた我が家の正月行事（子どもたちが来てくれる）も、とにかく正月の料理も作れましたし、（例年より支度を早く始める）などいろいろありましたが、とにかく無事終えました。しかし、この味でいいのだろうかなど不安に思ったり、年相応の衰えは如何ともしがたい。多分来年はできないだろうなど子どもたちに言ったのですが、まあ、どうなりますやら。

とにかく、今年は絶対に頑張りたいと思います。そして、物書きとして、死ぬまで書き続けたいと思います。もし、体が動かなくなっても、頭だけはしっかりして、物が書ければいいなと思っております。

これからは昨年の報告の積み残しです。なんだか少しずれて申し訳ないようですが、昨年はいろいろありすぎました。

十二月一日、例の竹内良男さんの学習会に行きました。石浜みかるさんのお話でした。重いお話ばかりで、三時間の例会に収まらないような話でした。

前にもお話したことがあると思いますが、石浜さんのお父さん（石浜義則さん）は、キリスト教の無協会派の小さな教団の信者で、歯医者さんですが、街頭で戦争反対を説き、治安維持法違反で捕まり、広島の吉島刑務所に収監され、そこで原爆にあったという方です。この方は被爆の手記を書いていますが、どうしてか、その手記が掲載されたのが長崎の証言集で、この方のこと、広島の原爆関係者もあまり知らないのではないかと思います。

刑務所の高い塀に阻まれて石浜さんのお父さんはケガもなかったようですが、刑務所の建物も壊れ重傷者も多く、囚人同士で助け合ったとのこと。翌日から囚人たちは救援活動に駆り出されるが（二次放射能）、政治犯は数珠つなぎにされて山口刑務所に連れていかれる（広島に置いておくと暴動でも起こし危ないと思った？）のです。この政治犯の中には朝鮮半島出身者が多くいた。独立運動のためということですが、ちょっとしたことに、言いがかりをつけられたということが多かったようですね。とにかく、石浜さんは山口に連れていかれ、戦争が終わって広島に戻されるが十月ごろまでそのままにしておかれたそうです。

釈放になるが、朝鮮出身者の人びとはどこかへ行けと言われても行く場所がない。仕方なく石浜さんは、妻子を愛媛県の大三島の妻の実家に預けていたので、そこへ朝鮮人たちを連れて行くのです。治安維持法違反の政治犯などというと大変なので、妻の実家にはこのことをごまかしていたので、朝鮮人たちを連れて行くのは大変だったようです。

ようやく朝鮮半島出身者たちを、数日食べさせ、彼等も帰るルートが見つけられ帰国。石浜さんは歯医者をしようとするのですが、政治犯だったため免許が取り上げられ歯医者ができない。仕方なく歯科技工でしばらく過ごしたそうです。戦前歯科技工士という職はなく、歯医者さんたちが自分でやっていた。歯科医の中にはそれが得意でない人もいる、石浜さんは結構これがうまくて、技工の仕事で糊口をしのいだというのですが、やっと免許を取り戻すまで生活も大変だったようです。

帰国した韓国人たちとはそれきり連絡がつかなかったが、そのうちの一人が韓国でヒバクシャ運動をはじめ、一九七七年最初の使節団で日本に来られた時、石浜さんと再会、石浜さんの証言で被爆者手帳をとれたとか。

参加者の皆さん、びっくりして聞いておられました。

石浜みかるさんは、今キリスト教の満蒙開拓団のことを調べておいでです。満蒙開拓団に加わらなければ、という状況に追い込まれる。それを進めた人たちの中には、賀川豊彦もいるとのことです。これも重い話なのですが、こちらは時間もなく、石浜みかるさんの新著も年明け早々出るということで、またもう一度話を聞きたいということになりました。

四日に、もとＮＨＫにいらした山上博史さんという方から連絡があり、会いました。この方のお父様が音楽関係の方で広島大学の教授だったということです。このお父様が、私のピアノの先生長橋八重子先生に大変お世話になり、長橋先生の写真があるから見てほしい、自分は長橋先生の顔を知らないからと言われるのです。長橋先生の顔分かるかしら、とふと心配になりました。前に、長橋先生のこと、『ヒロシマ往復書簡』（以下一部は『往復書簡』と略す）」でも、話に出ましたね（『往復書簡』第I集）、その時中山さんから長橋先生のお宅という新川場町の家の写真を送っていただいたことがあり、これは違うと申しました。新川場の家の写真は古い家のようで、先生の家は確か小町（一中の裏の方）、とにかく素敵なおうちでしたから。私は長橋先生のお家についてよく覚えており、「広島のわずかに残る文化だ」、と思っていました。だから家についてはいくらでも思い出を語れるのですが、先生のお顔、はっきり言えないのです。子どもだったし先生の顔をそんなにじろじろ見られず、ただ老婦人ということしか（老婦人と言っても多分先生は当時五十代ではないかと思うのですが）言えないのです。

でも写真を見ると先生だとすぐわかりました。先生の小町の素敵なお家のテラスで撮っておられるので。先生に間違いないとわかりました。

それから山上さんと長いことしゃべりました。不思議な縁です。山上さんは戦後生まれでお父様が長橋先生の弟子（長橋先生の夫君の弟子ではないかと思いますが）戦前のことはご存知ないのに、なんでこんなに話が弾むのか。

最愛の息子さんを亡くされ、悲しみの中にいらした長橋先生、先生のおうちのグランドピアノの傍で遺体が発見されたそうです。ピカの瞬間、何と思われたか。

十二月十四日、宇都純子さんの復活公演に茅ヶ崎に行きました。宇都さんが原爆のことに打ち込まれ、十数年にわたって夏に、原爆の詩や手記の朗読をされていることは、何度も書いたと思います。それが二〇一七年は乳がんのため公演できなかった。昨夏もできず、とても心配していたのですが、十二月になって復活公演となったのです。

宇都さんは佐伯敏子さんの手記を朗々と読まれました。佐伯さんは身内十三人を失くし、手記もとても長く一時間半はかかります。でも、皆、じっと身じろぎもせず聴き入っていました。宇都さんの声は、病気の前より通り、よくなったような気がしました。本当に感動しました。

十五日、武蔵大学に行きました。西武池袋線江古田というところにあり綺麗なキャンパスですが景色を観る暇もありません。道を尋ねながら行ったら二時間半以上かかりました。

例の被爆遺産継承の会のセンター設立資金集めの第一号の会らしいけど、それにしては地味ですね。でも、若い方のいろいろな活動を聞け、悪い会ではなかったのですが。

このキャンパスで次の週も（土曜日）催しがありました。今度は在韓被爆者関係です。詩の朗読が中心の会なのですが、武蔵大学の学生たちの朗読が新鮮でした。韓国人被爆者たちの手記の朗読ですが、二十人くらいの朗読（群読は少なく、ひとりひとりかわるがわる読むスタイルですが）若い人がこれだけ集まると迫力があります。

この武蔵大学の生徒たちを指導し、また大学の教室を貸してくださるのも同大学の教授永田浩三さんがいてこそなのですが。永田さんは元ＮＨＫのディレクターで、有名な方です。よく、原爆関係の会に来られます。広島局にいたことはないのに、と不思議に思っていました。会の後、お茶を飲んで話し合ったら、彼、広島の被爆二世なのですね。お母様は被爆後縮景園を通って、原民喜と似たようなコースをとって逃げておられるのだそうです。広島問題に熱心なわけわかりました。

二世の方々、若い方々、ヒバクシャでなくて熱心な方々と知り合い、私も改めて勉強しなおしました。

●中山士朗から関千枝子さまへ

まずは、新年おめでとうのご挨拶をもうしあげます。

　めでたさも　中の下なり　おらが春

私たちの『往復書簡』が始まってから七年の歳月が経ったことに、改めて驚いております。このような長い時間をかけて途絶えることなく続いている『往復書簡』は、過去に例がないのではないでしょうか。しかも、二人の被爆者によって紡がれた、証言の記録、核なき世界への希求が述べられた手紙の往復は、二人の生命が続く限り続くものと願っております。

昨年は暮れの十二月二十四日に、NHKテレビで、たまたま「天皇　運命の物語② いつもふたりで」を観ておりましたら、関さんが出演しておられる場面に出合わせ、そのあまりの偶然のことに驚きながら、拝見させていただきました。

この番組は、天皇の平成最後の誕生日を記念して作られた、二夜にわたる特別番組でした。関さんは、▽日本中が沸いた世紀のご成婚▽その裏にあった強い決意とは、その場面で解説されていました。当時、毎日新聞に入社して間もない関さんが、取材チームに加わって取材されている写真や記事が出ておりました。淡々と解説される関さんは、堂々として見事でした。二十三年ぶりにお会いした関さんでした。

この番組を観始めた時、大分県日出町に住む女性の方から電話が入り、「関さんが今テレビに出ておられる」と教えてくれました。「私も今観ているところです」と答えると「安心しました」と言ってすぐに電話が切られました。彼女は『往復書簡』の読者でしたが、嬉しい話でした。

年頭のお手紙を読みながら、関さんがお正月の料理を調えてお子様たちも迎えられる、温かい光景が伝わってきました。そして、「たぶん、来年はできないだろう」という関さんの年相応の衰えの予感、それは私にも共感されるものですが、深く伝わってきました。

私の新年は、四日にかかりつけの医院、九日には別府医療センターの診察ということからはじまりました。いずれも、ボランティアの人に付き添ってもらっての病院通いですが、身体のあちこちに支障をきたし、まさしく明日をも知れぬ身を感じざるを得ません。

昨年末、広島の中国新聞の客員編集委員・富沢佐一さんから電話取材がありました。その記事は、十二月二十八日の『高校人国記』国泰寺高校（広島市中区）に、核兵器廃絶へ思いを一つに生きた学者・医師が取り上げられていました。その中の一人として、私も加えられていました。その見出しは、

〈愚直の一念。被爆者の痛みを死ぬまで書く〉

となっていました。

また、本書でも爆心地から七〇〇メートル離れた広島一中で、倒壊した校舎から脱出することができた生徒が、その後、多発性がんに侵され、九回も手術をしたという話を書きましたが、このたびの記事によって、その生徒の名前は児玉光雄（86）君と言い、一九回もがんの手術を受けながら、広島市被爆体験証言者として、語り続けていることが分かりました。

私たちの対話随想で何度か書きました片岡脩君も児玉君同様に倒壊校舎からの脱出組の一人でしたが、原因不明のがんで亡くなっていることをあらためて思いました。

こうしたことを振り返りながら手紙をしたためておりますと、被爆しながら八十八歳の今日まで命長らえたことが不思議としか思えません。戦時中は、二十歳の命と教えられ、陸軍幼年学校や海軍兵学校が憧れの対象でした。原爆が投下された広島は、六十五年間は草木も生えぬと言われ、ましてや、被爆した者の生命は短いとされました。そうして歳月を経てこの年齢まで生きていることは、死者によって生かされているというよりも、罪深さのようなものが私の内部に沈殿

していることも事実です。

最近、平成最後の年、戦争がなく災害の多かった三十年ということがしきりに言われるようになりました。けれども、今年は昭和九十四年と換算する私にとっては、昭和の戦争は、敗戦で終わったとは思っていないのです。したがって、このたびの関さんのお手紙を読みながら同じ思いで筆を執っておられることを感じました。

手紙の末尾には、「二世の方々、若い方々、ヒバクシャでなくて原爆の問題に熱心な方々と知り合い、私は改めて勉強しなおしました」と結ばれていました。

この言葉のように、関さんは今もって大勢の被爆関係者を訪ね、話を聞いておられます。

私自身を振り返ってみても、関さんとても年齢から来る体力の衰えはあると思われますが、それを克服しながら話を聞きに行かれる姿勢には敬服せざるを得ません。そこには辛い歴史を埋もれさせず、戦争の悲劇を伝え、核なき世界を後世に伝えるという強い意志の表れだと思います。

国策が生んだ惨禍を記憶に残し、証言できる最後の世代の発信だと私は思っています。

4

八年目の跡見学園―中学二年生に語る

二〇一九年二月

先月、一月二十三日、跡見学園という古い歴史を持つ私立の女子中学に平和学習（原爆）に行ってまいりました。

●関千枝子から中山士朗さまへ

跡見中学に行くのはこれが八年目です。

「夏の会」という会があります。原爆の詩や手記の朗読を女優さんたちがなさっている会です。地人会の「この子たちの夏」というのがあり、一九八五年から二〇〇七年まで二十三年間も行われていたのですが、地人会の解散により中止となった。これを惜しんで、女優さん十八人が「夏の会」を立ち上げ、新しい脚本で「夏の雲は忘れない」という朗読の公演をはじめ、今年で十周年になります。その最初の年、跡見学園の講堂で立ち上げ公演があり、私も招かれて行きました。女優さんだけでなく、跡見の高校生たちの朗読グループも参加し、一緒に舞台を作り大変感動的だったのです。私は跡見という学校が平和や原爆の問題に熱心なことを知り感心したのですが、そのとき跡見学園の方から、跡見のいろいろな資料をいただいたのです。その中に当時の学園長が跡見という学校の歴史や、平和学習への取り組みなどいろいろなことが書かれていたのですが、私はこの文章に大変感動しまして、この先生にお手紙を差し上げたのです。当時から跡見は中学三年生が広島へ修学旅行に行くことになっていたようですが、園長先生は、修学旅行に行く学年の主任を呼び、事前学習にこの方の話を聞けば、と言ってくださったのです。

こうして、私と跡見との縁が始まりました。修学旅行は中三の年ですが、二年生の三学期、一月に、生徒たちに話をしてほしいということになったのです。

二年の学年主任・矢内由紀先生は大変熱心でしたし、私は中二が対象ということで感激してしまいました。「私のクラスは女学校二年生で全滅しました。昨日まで楽しく笑ったり冗談を言ったり、そんなクラスメートが全員大やけどを負い死んでしまう、そんなことが起こったのですよ、それがあなたの年齢なのですよ」というと、皆、顔が引き締まります。私は夢中で話しました。そして、その後も毎年私は跡見に行くようになりました。

「夏の会」も毎年、スタートは跡見でということが定着し、私は毎年一月と夏に跡見に行くのが習慣になりました。中二の学年主任は毎年変わるのですが、最初の矢内先生は、以来ずっと年賀状をくださいます。こんなに丁寧な先生は珍しいです。

この学校の素晴らしいところは、単に私を呼んで話をさせてくださるだけでなく、その前から事前学習を行っていて、『二年西組』を全員に読ませてくださるのです。生徒さんたちはそれでレポートを書き、毎年素晴らしいレポートがあり、感動しています。今年は矢内先生が、生徒たちに二年西組の生徒から、特に記憶に残る一人を選び感想を書くよう言ってくださったそうです。

この現物はまだ見せていただいておりませんが、どの人に一番関心が集まったか、それこそ、私、興味を持っております。

そんなことで、今年も跡見に張り切って、というより少し緊張して参りました。この学校は文京区茗荷谷にあるのですが、我が家からは少し遠く、また私の歩き方が少し遅くなっていますので、十分時間をみなければなりませんが、講演の時間が朝の一時間目なのです。遅れては大変です。目覚ましなどをかけ、前の晩から緊張です。

講演時間は一時間です。今年は私の話(体験)は短めにし、原爆全体のことを知っていただくためヒバクシャの絵を十六枚ほど見せました。絵を見せるのは毎年のことなのですが、今年は少し内容を変え、沼田鈴子さんと、佐伯敏子さんの描いた絵を入れてみました。有名な「証言者」のことを言っておきたかったのです。こんな証言者たちがもはや出ることはないと思いながら。

沼田さんの絵は、沼田さんが麻酔もなしで足を切られる手術をされるところ。佐伯さんの絵は、自分が見た被爆者たちの絵。このヒバクシャは、怖い顔をして鬼のようです。あまり怖い顔で、色なしのデッサンということもあって、ヒバクシャの絵としては、あまり〝人気〟がないのですが、佐伯さんには傷ついたヒバクシャの顔が鬼のように見えたのでしょうね、と話しました。その後、矢内先生が代表していくつか質問があり、「これからどうすれば?」の問いに、「ヒバクシャの証言を忘れず、一部分だけでも胸にとどめてください。そしてまたもっと若い世代に語り継いでください。核兵器は人類と共存できない最悪の兵器、なんとしてもこの兵器を禁止したい。

是非その世論を強めてください」と言いました。

それにしても、今年、わが世代というか、戦争を知る世代の死が続きます。樹木希林さん、兼高かおるさんに続き、市原悦子さん、その同じ紙面に梅原猛さんが出ていて、う〜んと思っていたら、今度は松本昌次さんの死去が新聞に出ていて、少し落ちこみました。松本さん、一月十五日死去、腎臓がん、九十一歳。松本さんは、知る人ぞ知る未来社の大編集者、後に影書房を作り、この時代に井上光晴さんの第二次「辺境」を編集。先に井上さんから「書け」とはっぱをかけられたことを書きましたが、それで、出かけたのが影書房、同社がまだ大塚にあった時です。

松本さんにはお世話になりました。落ちこんだとき行っては一緒に酒を飲みました。ここには金はないけれど、いつも不思議に酒はあるという松本さん。「編集者には人を癒す才能もあるので」と言われたのも忘れられません。それから長い編集者生活、儲かることは一度もなかったけれど、いい本を出し、頭も体も衰えず、最後まで健筆をふるわれた。「九条連ニュース」に昨年までコラムを書いておられたと思います。九十一歳だから、まあ仕方ないと思うけど、寂しいです。

昨年暮れのNHKテレビ「天皇　運命の物語」の件ですが、どうも、見た方が多くて少々困っております。当時の毎日新聞の皇太子記者はほとんどの方が亡くなっていますし（一人存命）、ぜひ当時の証言をと言われたら、出ざるを得なかったのです。ほとんど半日くらい録音した中であの部分だけ編集されると、少し、違うなと思うこともあり、困るのですが。「皇太子の恋」までの大きな流れがあり、それが見えないと困るのですが、ともかく、一番驚いたことは、あれを見た人の多さで、まあ、びっくりです。天皇のこと、皆そんなに興味があるのかと思ったり。それがかなり進歩的なインテリばかりだったのに驚きました。面白いことに、私の住む地域の女性たち、「皇室アルバム」を夢中になって見ている方々が多いのですが、この方々はあの種の番組は見ていないのですね。あまりごちゃごちゃ言われなくてほっとしたのですが……。

追記　これで今回はおしまいのはずでしたが、今、平岡敬さんからお葉書を頂きました。奥様が亡くなったので「喪中欠礼」のお葉書いただいていたので、新年になってから寒中見舞いを出しておいたのですが、そのお礼の手紙です。平岡さんの奥様は第一県女と聞いておりましたが、一年生だったのですね。私と同じで体調を悪くし、作業を休まれ、助かったそうです。苦しかったこと、推察できました。作業を休んで助かったものは、単純に「運がよかった」など言えない思いがあります。「私は運が良かったとして、死んだ友は運が悪かったのか！」という思いです。生き残りの辛さ。実は跡見の二年生にもこの思いを語ったのです。多分、平岡さんの奥様も同じ思いを抱えながら、亡くなられたのではないか、と思いました。

5

中塚明先生の「司馬史観」批判と辰濃文庫のこと

二〇一九年三月

●関千枝子から中山士朗さまへ

本来なら今回は中山さんからの番なのですが、中山さんは、二月初めから入院中です。肺炎ということで、数日の入院かと思っていましたが、入院が長引き心配しました。年寄りの肺炎は気を付けなければいけないと言いますし、甘く見てはいけないようです。とにかく快方に向かっておられるそうですが、今しばらく入院が続きそうですし、とりあえず、今回は関からの発信をもう一度続けます。

私はあいかわらず、連日あたふたいろいろなことをやっております。何をやっているか、詳しくお知らせしなければなりませんが、とりあえず、今回は原爆のことを中心に書きます。

二月八日、中塚明先生の「日本人の明治観を正す」という講演会に行きました。中塚先生は歴史家で元奈良女子大学長。いま、日本では韓国、朝鮮に対する反感がひどいですが、それにはあまりにも朝鮮のことに対する無知、明治は素晴らしいといったいわゆる「司馬史観」が「常識」になっているからだと思います。

中塚先生は以前から司馬史観に批判的で、私は、日韓関係の歴史の専門家（研究者）として最高の方だと思っています。ここ数年、お連れ合いの介護でなかなか外に出られないと言っておられたので、心配していたのですが、先日朝日新聞に「東学党」のあとをたどるツアーのことが上丸洋一記者の執筆で出ており、その中で中塚先生がツアーの案内役として活躍しておられることが出ており、お元気なのだ！　と思っておりました。そのうち二月八日の講演会の情報が入り、ぜひ行かなければと思っているとき、中塚先生から講演会のことを知らせる手紙が来たのです。これは何としても行かなければなりませんね。

中塚先生のお話は、朝日新聞の記事のことに始まり、「東学党のことを日本の新聞で取り上げたのは、初めてのことではないか。画期的だ」と言われました。そして、日清、日露という戦争を通じて日本が朝鮮侵略を進めた歴史が話されました。会場には上丸さんも来ておられたので、私は、「いい連載だったけれど、五回で終わったのは残念」とからかったのですが、上丸さんは「まあ、あれはあのぐらいで。今度、三・一独立運動のことを書きますから」と言っておられました。三・一独立運動も今年、一〇〇年。日本人は、こうした朝鮮の歴史を知らなすぎます。朝日新聞にいい記事が出たらいいな、と思っています。

会の終了後、中塚先生にお連れ合いのこと伺ってみましたら、「もう歩くことができなくなり、私では介護できず施設に入りました」ということでした。お連れ合いの足が悪くなったのは、外反母趾からだそうで、私の足をご覧になって「あなたも用心しなさいよ」と言われてしまいました。靴を履いていても私の足、外反母趾と分かりますので。先生はそれで一人暮らし。料理も洗濯も一人でなさるそうです。

　でも、東京まで来るのはこれが最後かもしれないが、と先生は言っておられました。もう八十九歳ですものね。よく頑張られます。脱帽です。

　先生の専門の日韓の話ばかりしてしまいましたが、先生と知り合いになりましたのは、実は「原爆」からなのです。一九八五年、『広島第二県女二年西組』が出版された年の暮れ。新聞で、識者を集めて「今年の三冊」と言った企画がよくありますが、それに中塚先生が、この本を取り上げてくださり、この中に登場する少女、玖村佳代子さんのお兄さんが、中塚先生が学長である奈良女子大の付属高校の教頭、ということが書いてあり、私は驚いて、先生に手紙を差し上げたのですが、折り返し来たお返事に、残念なことに玖村先生は急逝されたとあり、本当にびっくりしました。それからいろいろあり、玖村由紀夫先生の追悼文集もいただいたのですが、玖村先生は大変教育熱心な数学の先生。若い頃から八月六日には水を求めて死んだ原爆の死者のことを偲び、一滴の水も飲まなかった、などという話が書いてあり驚きました。こんなことで、中塚先生とその後の長いご縁ができたのです。

　原爆関係では、九日に、例の竹内良男先生の会で、川本隆史さん（国際基督教大学教授）の「記憶と忘却」という話を伺いました。ヒバクシャの記憶継承が大いに言われる（推奨される）世の中ですが、忘却（特に日本の歴史など）の問題など問題提起され、「広島学」がなぜできないか、など鋭い問題提起がありました。この問題、簡単に言えることでもありませんので、今回はこんな話があったというだけにしておきます。川本さん（一九五一年生まれ、広島学院―戦後できた名門校―から東大へ）の視点は面白いし、竹内さんがこうした方と親交を結び、彼の講座に引っ張り出してこられるのにも、敬意を持っています。

二月一七日は、調布市の大河みと子さんという市民派市議の方の勉強会に行きました。この日私に求められたテーマは「戦争中の暮らし」で、戦争の中で庶民の生活がいかに苦しくなっていったか、自分の記憶を重ねながら、女性の歴史とあわせて少し話しました。

大河さんのおすすめで原爆のことも少し話させていただきました。ヒバクシャにも、もちろんいろいろな方がいらして、特に広島は保守的なところですが、核兵器だけはごめんだと思っていることはみな一致しているということは強調しました。安倍さんは「核の壁、核の抑止力論者」ですが、トランプ氏の北朝鮮との話し合いを「評価」していてノーベル賞にトランプ氏を推すなどと言い、噴飯ものと言いますと、皆さん全員、同感と怒っておられました。まったく、安倍さん何を考えているのやら、です。

そんなときですが、朝日新聞のこちらの地方版に、もと「天声人語」氏、故辰濃和男さんの蔵書で、「辰濃文庫」ができたという記事を見ました。辰濃さんは蔵書家で二万冊の本で玄関の扉も締まりにくくなっていたそうで、知り合いの建築家佐藤清さんが家の補強をされたそうですが、その佐藤さんが、辰濃さんの家が処分されると聞き、遺族から蔵書のうち約一万冊をもらい、ご自分の家の蔵を改造、文庫にしたのだそうです。場所は埼玉県の東松山市、我が家からは遠い遠いところですが、丸木美術館のある街です。一度行ってみようと思っています。

本書でも辰濃さんのことを書いていますし、出来上がったら、お連れ合いに本を送ろうかと考えていたのですが、佐藤さんに電話して聞いてみたところ、辰濃さんの小金井のお宅はもう取り壊されて空き地になっており、お連れ合いは老人施設に入っておられるとのこと（息子さんたちはもともと別の場所に住んでおられます）。もし、この記事が出なければ、誰もいない空き地に本が送られ、むなしく帰って来るところでした。不思議なことに思えました。私たちの『対話随想』が無事出版できましたら、この文庫に行き、辰濃さんに捧げたいと思います。

これまた不思議なことですが、中塚明さんが『二年西組』を知ってくださったのが、辰濃さんの「天声人語」を読んだからです。それで、本を購入され、玖村という珍しい名前に目を止められたのが、始まりでした。中山さんがよく言われる「縁」と「伏流水」を感じております。

それから本書4でお話いたしました、松本昌次さんのこと、「偲ぶ会」でなく、「語る会」が四月六日に開かれることになりました。ご本人が「お別れ会も偲ぶ会もやってほしくない、ただ、僕を肴に考えたり批判したりするのは一向にかまわない」と言っておられたのだそうです。これもいい会になるかと思います。すぐれた先輩、同時代の方々、その妥協しない奥の深い精神を継承したいと思います。

●中山士朗から関千枝子さまへ

私が病気で入院したために、関さんが連続して筆をとられるようになったのは、今回で三回目です。この度は、重い肺炎にかかり、かかりつけの病院から国立病院機構の別府医療センターの呼吸器科に送られて、二十日ほど入院いたしました。老齢者の肺炎は危険だと後で知り、ぞっとした次第です。作家の橋本治氏が肺炎で亡くなられたのは、私が肺炎になった時期だということを新聞で知りました。

こうした事情から、関さんが止むなく忙しい最中、往復書簡が途切れぬようにと執筆してくださったことに心から感謝しております。この背景には、私たちは被爆者として、死ぬまで原爆廃絶に向けて書き続けていくという強い意思があるからです。

しかし、人間の生命には限りがあるのを、八十八歳の現在に至ってようやく実感できたというのが正直なところです。このたびの二度のお手紙には、戦争を知る世代の死が多く伝えられていました。その中でとりわけ心に残ったのは、朝日新聞の「天声人語」氏とも言われた辰濃和男さんの「辰濃文庫」に関する文章でした。辰濃さんにつきましては、私たちの『対話随想』にも書かせていただいたことがあり、ふり返りますと、その美しい文体と温顔がたちどころによみがえってきます。その背景に、二万冊にも及ぶ蔵書があったことを関さんのお手紙によってはじめて知りました。

その辰濃さんから、日本エッセイスト・クラブ賞の授賞式の時、私の文体を褒めていただいたことは、今でも思い出しますと胸が熱くなります。関さんが『対話随想』が出版することが出来たら、「辰濃文庫」に納めたいと語っておられましたが、ぜひそうしていただきたいと思っております。そして、改めて関さんにとっても私にとっても、辰濃さんとの縁の深さを思わずにはいられません。ぜひとも「辰濃文庫」を訪ねてみてください。そのご報告を楽しみにしております。

以上が、前回いただいたお手紙を読みながら感じたことを書かせてもらいましたが、その中で気にかかる箇所がありました。それは中塚先生にお会いになった際の、外反母趾についての会話でした。関さんがそのような病状を抱えておられることをつゆ知らずにいましたが、お手紙を読んではじめてそのご苦労を知ったという次第です。

そうした状況にある時、西田書店の日高さんから、関さんが大腿骨を骨折され、厚生年金病院へ入院されたとの報告を受けました。一カ月の入院ということでしたが。折り返し詳しい状況を聞くために電話しましたが、連絡がつかないということでした。

瞬間、私は、前回の手紙の中での文章を思い起こさずにはいられませんでした。

会の終了後、中塚先生にお連れ合いのことを伺ってみましたら、「もう歩くことが出来なくなり、私では介護できず施設に入りました」と言うことでした。お連れ合いの足が悪くなったのは、外反母趾からだそうで、私の足をご覧になって「あなたも用心しなさいよ」と言われてしまいました。靴を履いていても私の足、外反母趾と分かりますので、先生はそのように言われ、目下一人暮らしの生活で、料理も洗濯もご自身でなさるそうです。こうした内容が綴られたお手紙を拝見した後で、関さんの文章（本書3）が浮かび上がってきました。正月料理をしつらえた後に述べられた感想で、私の心の隅に響いた言葉でした。

しかし、この味でいいのだろうかなど不安に思ったり、年相応の衰えは如何ともしがたい。たぶん来年は出来ないだろうなど子供たちに言ったのですが、まあ、どうなりますやら。とにかく、今年は絶対に頑張りたいと思います。そして物書きとして、死ぬまで書きつづけたいと思います。もし、体が動かなくなっても、頭だけはしっかりして、物が書ければいいなと思っています。

この思いは、私も同感です。

二月に肺炎を患い、不意に〝死の予感〟を覚えた時の時間に通ずるものがあります。どうか、お力落としなく、治療に専念して下さることを祈っています。

6

東京・広島、互いの同窓会

二〇一九年三月

●関千枝子から中山士朗さまへ

予想もつかないことが起こりました。

三月一日の夜、コンサートを聞きに、市ヶ谷のルーテルセンターに行きました。国泰寺高校時代の同級生水戸栄子さんのお子さんの水戸博道さんのピアノリサイタルがあったのです。水戸博道さんは明治学院大学の音楽教育学の先生ですが、ピアノの演奏会も時々されているようです。演目がとても面白かったし（私の好みに合う）、水戸さんとも不思議なつながりがありありがたく招待券を頂いたのです。

水戸（旧姓多山）さんは有朋高校（第一県女）からいらした方で、学校のスターでした。栗村麗子さんとコンビを組み、軟式テニスをやっていたのですが、このコンビなかなか強くて、高校選手権で全国制覇、大スターだったのです。軟式庭球というと若い方はなんだそれと言われますが、当時テニスなどと言えば大金持ちのスポーツで軟式のボールでも、高くて、皆大変と言っていましたから。第二県女など、校庭は広島女専の借用だし、小さい学校で校友会費も少なく、テニス部はなかったという時代ですから。テニス部と言えば、みなのあこがれでした。

だから、私の記憶にある多山さんと言えば、真っ黒になってテニスをしている姿でほかの思い出はあまりなく、卒業してからも余り縁はなかったのですが、六十余年たって、彼女のお姉さまは能の金剛流の家元に嫁ぎ（お子様は今、家元）、お子様はピアノ、音楽教育の先生であることを知り、なんと芸術にかかわりの深いお家だとびっくりしました。私は、父が能が好きでなかなか上手でしたから、結構、話は通じるのです。

七、八年前になるかしら、広島の国泰寺高校第一期の同窓会が、実務の担い手がなくて閉会になるという時、水戸さんにお会いしました。お連れ合いが亡くなり、東京のご長男（博道さん）のおうちに居を移すということで、本家の広島が閉会になっても東京の同窓会は続けるということが決まっていましたので、喜んで、東京の仲間に入っていただくことになりました。東京の仲間も一人減り二人減り、久しぶりの新会員でみな大喜びです。東京の同窓会は、本家の同窓会の何周年だったかの年に、皆さん参加しませんかと、私が呼びかけたところ、皆から「広島に行くのは大変だ」「広島に行くことはあるが、同窓会の日に合わせるのは無理や。いっそ東京でやらないか」という意見続出。それで私が「ほんとに参加する？」と確かめたところみな「参加する」と言います。それじゃ、と私が行きがかり上幹事をすることになり、以来私、万年幹事なのです。

私が東京の同窓会を始めるのに、慎重だったのは理由があります。中山さんもご存知と思いますが、一九四九年、広島県全部が学制改革で新しい高校を作ることになり大騒ぎ。特に広島市は普通科の中学、女学校が三校ずつ、そのほかに商業や工業、それが全部一緒になって、完璧に地域割り、広島市に、新制高校三原則（地域性、総合性、男女共学）を完全に実現した六つの公立高校ができました。準備も遅れて開校式が五月、てんやわんやのスタートでした。先生たちも初めての経験で、大変、大忙し。その中で私たち三年生は自分たちの手でこの新しい高校を素晴らしい高校につくりあげようと奮闘しました。自治会に、クラブ活動に、数校のメンバーが一緒に協力したクラブもあり、寄り合い所帯は大変うまくいったのです。そんな中で、私はどこの学校にもできる人がおり、リーダーがおり、クラブ活動などに熱心な人がいる（中等学校に入る時、輪切りがあるのですが、勉強の点数はともかく、世の中で役に立つ人とは別物）、ということも学びました。私などあの一期の同級生、同志のような感覚で懐かしいのです。

でも何しろ実質八カ月の付き合いです。東京在住者は数が少なく、互いに名前も覚えていない人もいる。卒業後全く会っていない人も多い。心配しながら手紙を出してみたのですが、八割以上十二人だか参加がありびっくりしました。でも当時は男子ばかりでした。私以外に一人女性はいるのですが、彼女は就職したこともなく、男ばかりの中に一人いても会話もないからと言います。それでずっと男の中に女は私一人でした。

この東京同窓会の第一回をやった時、期せずして皆が原爆体験を話しだし、四時間もの集まりになったことを忘れられません。「それは、ヒバクシャ、仲間内の集まりじゃ。当たり前じゃ。どこでもそれが通用するものじゃないで」とある方に言われたことを思い出します。その方の意見ではヒバクシャでも話したがらない方が多いと。

水戸さんが来てくださって皆、大喜びでしたが、なんと彼女、女の参加者をもう一人増やしてくださったのです。渡辺、かつての栗村麗子さんです。

栗村さんは、国泰寺の同窓会に出たことがありませんでした。なんでも彼女のお連れ合いが、熱烈に彼女を愛し、猛烈に嫉妬し、男子のいる同窓会に出席してはいけないというのですって！「だからあの人有朋の同窓会には出るけれど国泰寺には出られないのよ」というのを聞いて大笑いしたことがあります。それがお連れ合いの具合が悪くなって、施設に入られることになり、自由もできたので同窓会に出る、といわれるのです。渡辺さんは、水戸さんとの友情がずっと続いていて、家族ぐるみの付き合いがあること、息子さんが、医者で茅ヶ崎に住んでおられるので東京の会に出やすいことなどがあります。

これで我が同窓会、女の参加者は私一人、殺風景な同窓会から女性が半分近くいる「にぎやかな」会になったのですが、栗ちゃんの張り切りようと言ったら。広島のお菓子「紅葉饅頭」やら何やら段ボール箱いくつかを宅急便で送りつけ、みなびっくり。「うちは、主人に尽くせるだけ尽くしたけん」今度は少し自分が遊ぶぞ、といった口ぶりでした。

ともかく私が感心したのは水戸さんとの友情が、七十年も続いていることです。高校時代のペアと言いながら凄いですね。

昔、私が聞いた女性を蔑視する言葉がありますが、その一つが「女には友情はない」。でした。

こんなに衝撃を受けた言葉はありません。誰だって仲のいい友はいると思うのに、その方の言うには、女学校時代どんなに仲が良くても、結婚すると環境が変わる、環境があまり変わると話があわなくなったり、また互いに交際しづらくなるというのです。つまり女は結婚相手次第ということなのですね。私はその話に反発しましたが、反論しようにもデータがありません。五十年ののち、少女時代に別れた友とも歳月を経て今も仲よくしている人が多いことがわかりました。要するにものの考え方が問題。環境でなく互いの心の問題だとはっきり分かります。言い換えれば、それだけ昔の女は、心の付き合いをする、あるいは社会的なことを話す機会に恵まれなかったのでしょう。

ともかく、栗ちゃんと、ターコ（多山さん）のむかしながらの親友ぶりは「美談」でもあります。

まあ、こうして高校時代の物語は楽しいのですが、その水戸さんから息子さんのコンサート招待の手紙がきがました。私はすぐ行くと返事を出しました。息子の博道さんは東京でのコンサートは初めてのようですし何とか成功させたいというお気持ちもくみ取れるので、遠慮なく招待券を頂くことにしました。

とてもポピュラーな選曲なのですがちょっと変わっていて面白いと思ったのです。まず始めはベートーベンが二つ並ぶのですが、最初は「イギリス国歌による八つの変奏曲」、イギリス国歌など誰でも知っていますが、なぜこれがオープニングなのか。その次は「月光奏鳴曲」これもポピュラーな曲ですが、なぜこれをここに据えたのかちょっとわかりかねましたが、非常に熱情的な演奏でした。次にラベルが入って、ここで休憩。この後ショパンのスケルツオなのですが、ここで私は大失態。観客席からホール真ん中の通路に出るところで転んでしまったのです。

私、杖を使いだして、もう二十年になりますが、転倒はなく、私の杖を嗤う仲間のことを嗤っていました。杖がみっともなくても転ぶよりいいと威張っていました。このときも急激な転倒にまずいと思ったのですが、その瞬間あまり痛さはなくて、大したことでなくてよかったと思ったぐらいです。しかし、立ち上がろうとしても、まったく立ち上がれないのです。多くの人々の助けで、ロビーに出て、椅子に座り、ちょっと落ち着いたところで、会場にもどろうと思ったのですが、体が動かないのです。そこに水戸さんの友達で理学療法士の方が来ておられて私の体を動かしてみて、「これは大変」と直ぐてきぱきと救急の方に連絡してくださいました。担架に載せられるまでの痛かったこと。私もやっとけがの酷さが分かりました。近いところということでしょうか、東京新宿メディカルセンターに運び込まれ、しばらくしてそこが昔の厚生年金病院だと気づきました。以前、ひじの痛みがあって一度行ったことがあるのです。記録が残っていて「昔横浜にいた方ですね」といわれてびっくりしました。

たくさんの検査をされ、夜中のことでなかなか家族との連絡が付かず、困りました。病院というのはいまだに家族の連帯責任とかめんどうなのですね。

とにかく今日はここまで。後いろいろあるのですが、続きで書くことにします。

●中山士朗から関千枝子さまへ

今回の国泰寺高校の同窓会にまつわるお話は、私たちの旧制広島一中同窓会の現況を思い出させるものでした。

学制改革で昭和二十三年に旧制最後の一中（この後、鯉城高校となる。二十四年に関さんが一期生となられた国泰寺高校になるのですが）を卒業した私たちの同窓会は「二三会」と称し、広島在住の世良邦治君が世話役で、これまでは年一回開催で運営されていましたが、昨年を最後にその呼びかけが中止されることになりました。世良君の説明によると、年々、高齢化による疾病などで出席者が減ったためということでした。私も、せっかくの案内状をもらっても出席できない者の一人でした。

したがって、昨年、世良君の提案で、広島における最後の「二三会」が開かれました。案内状を送ったのは九十名でしたが、出席者は十五名ということでした。私達の学年は、入学時には五学級二百五十名が在籍していましたが、一学級が爆心地近くの建物疎開作業に出勤していて全員被爆死しましたので、生存した生徒数は二百名ですから、現存者数はその四十五パーセントということになります。

最後ということで、校庭のユーカリの前に集合し、被爆死した学友の名前が刻まれた「追憶の碑」の前で黙祷した後、男女共学の時代ではない当時は、近くに広島第一縣女があったために禁止されていた通学路、現在は平和大通り近くに門柱のみが遺跡として残されていますが、その道筋をたどったり、私たちが建物疎開の作業で出動していて被爆した鶴見橋に立ち寄ったりしながら逍遥し、黄金山の麓にある「半兵衛」という料亭にたどり着くという趣向が凝らされたものになりました。そして、席での近況報告では、通常病気の話が多くなりがちなために、それには触れないという申し合わせで行われ、好評だったそうです。年齢を重ねた同窓会は、なにかと気を遣うことが多いようです。

関さんにもこうした同窓会の変化がありながら、個別的な交友関係が残されていることがお手紙に記されていました。それによって、関さんのお怪我の原因がよく分かりました。

それにしても、この場面の描写が、実に生き生きと、かつユーモラスに描かれていることに感心いたしました。

そのようなことを考えながら暮らしております時、広島から一中時代の友人である定政和美君が見舞いがてら訪ねて来てくれました。それは、私が大腸にがんが見つかったことを電話があった時に話していたので、自身も体調不良にもかかわらず見舞いに来てくれたのでした。

定政君のことは、これまで『私の広島地図』、『ヒロシマ往復書簡』の中で書いておりますので、ご承知のことと思います。

彼は、小学校に上がる年にアメリカから帰国し、昭和十八年に一中に入学したときに私と知り合いになったのでした。三年生になった時、学徒動員先の軍需工場からの指示で、建物疎開の現場である鶴見橋の西側の袂（爆心地から一・五㎞）に集合していて、ともに被爆し火傷を負ったのでした。

　彼の家は、現在の原爆慰霊碑に近い中島本町にありました。家業は菓子の卸、販売をしていました。原爆が投下された日、家には病身の母、その介護のために勤労奉仕を休んだ父がいましたが即死。広島女学院の大学で英文学の研究をしていた姉は、第二総軍に動員されていて、縮景園にあった通信部にいて被爆、行方不明。

　その後に海軍経理学校生徒であった兄が戻ってきて、二人は鷹匠町で暮らしていましたが、昭和二十三年に兄の友人を頼って一人アメリカに帰って行きました。その別れに彼が訪ねてきた日のことは、今でも鮮明に思い出されます。今から七十年前の話です。

　アメリカに帰ってからは、雇われての農作業、兵役に従事するなどの苦労がありましたが、除隊後はユナイテッド・エアライン、日本航空に勤務し、日本から妻を迎えてサンフランシスコ近郊に居を構えました。そして二〇一三年一〇月に最終的に広島に帰国したのでした。ひっきょう定政君は、二つの祖国で生きたことになるのではないでしょうか。つまり、原爆を落とした国と落とされた国を二往復して暮らしたことになるのです。日本の例では、広島・長崎の二つの県で二重被爆した人の例がありますが、定政君のような経験者は他にいないだろうと思います。

　このたび会った時に、彼がしみじみと語った言葉が、私の脳裏にこびりついています。

　それは、疎開の荷物を父と一緒に己斐の親戚の家に預けに行く途中で、「一人になっては駄目だぞ」と諭されたということです。そして、原爆が投下された日の朝、父が「今日は休んだらどうか」と言ったことの意味があらためて思い出されると語りました。アメリカで長く暮らしていた父親は、日本は戦争に負けると常々語っていたそうです。

別府駅で別れる時、「元気な顔を見て安心した」と彼は言ってくれました。私は、「お互い、もう少し生きてみよう」と言って別れました。

それから八日後に、突然の電話で中国新聞の西本雅実さんが別府に見えたのでした。西本さんは定政君の取材中に私の病気のことを知り、門司に取材に来られた機会に別府に足をのばされた様子でしたが、私の無事を確かめて帰って行かれました。その際、私たちの「対話随想」が四月中旬に出ることを伝えました。

出来るだけがんのことは忘れて暮らしたい、と私は願いながら生きているのですが、思うようにはいかないものです。

7　大腿骨骨折のこと、被爆直後の治療

二〇一九年四月

●関千枝子から中山士朗さまへ

私のけがでご心配かけましたが、中山さんは、肺炎の後、すっかりよろしいのでしょうか。ご自分の体のことは書いておられないので、心配です。でも、定政さんや、中国新聞の西本さんが別府まで見えたとのこと。よかったですね。

別府は近頃広島からは不便で、皆さま行きたいと思いながら敬遠されるのですが、本当に良かったと思います。でも、中山さんの一中同窓会（鯉城高校の一年だけの卒業生という事になりますが）、「二三会」十五人参加というのは厳しいことですが、それにしても幹事役がいて、同窓会が開けるだけでも立派だと思います。

この後は前回の書き残しとなります。

救急車のついたところは東京新宿メディカルセンター（旧東京厚生年金病院）です。ここの整形外科は定評のある病院で、まずはよかったと思いました。しかしこれからが大変で、検査で大腿骨骨折が判明。このまま入院と言われ、驚きました。一応ノートに子どもたちの電話が書いてあ

るのですが、これがなかなか通じなくて大変でした。

この救急センター、けが人でいっぱいなのにも驚きました。しかし、看護師さんたちの親切なことに心温まる思いでした。次の日が土曜日で、担当医が決定しないというので心配しましたが、翌朝、救急センターの当番医だった、小松大悟先生が執刀すると言ってくださいました。

実は私はこの日から後、予定が詰まっていたのです。五日が選択議定書批准を目指す院内集会、六日が歯医者、七日が「九条の会」主催の澤地久枝さんの講演会、八日昼は「安保関連法・女の会」の裁判があり、夜は女性「三・八国際女性デー神奈川集会」に講演に行くことになっていました。この中で一番困ったと思ったのは、国際女性デーでした。

ふつつかな私がメインの講演者です。責任もあり、日にちが迫っています。誰を代役にするにしてもお困りなことよく分かります。ほかの会は私の代役と言っても大した問題ではなく、誰でも代わりは出来ますが、八日のことは本当に悩みました。

小松先生に八日に講演に行けないかとお願いしてみました。すると先生は「不可能ですよ」と言下に。「あなたの状態では今車椅子に乗ることも不可能です。車に乗せるにしても三人がかりです」とも言われます。確かに私も、その後、身動きできない痛さを経験しました。すぐそこの物がとれない。少し体を動かしてもイタイタと涙ぐみ、何とも情けないがどうにもならないのです。小松先生に「あきらめます」というしかありませんでした。

でも本当に悩みました。金曜日の夜の事故なので土日が入り、事故を知らせたのが月曜。代役が決まるかしら、と申し訳なく、猛烈な痛みをこらえながら、持ってきてもらったパソコンで、レジュメはできていましたので話し言葉で書きました。病室には電源はあるが、インターネットは通じません。外部との連絡は携帯のみ、閉ざされた世界になりそうで、困ったのですが、娘たちのスマホにつなぐことでインターネットにつながることがわかりました。私宛てのメールは全部開けられますし、開けたメールは後から読むことも出来ます。メールも飛ばせます。この機能を活かし、神奈川の女性デーの実行委員会に原稿を送ろうかと思ったのですが、そんなものをもらっても代わりに読む人はいないし、と断られてしまいました。それはそうですね、娘たちも却って失礼だと言っていましたから。ただ、精魂込めて書いたので少しがっかりしました。三・八の中央集会なども、今年は女性差別四十周年を言っていますが、私は長い国際女性デーの歴史、戦前はもちろん、戦後も共産党だけの祭りだ、と、時の政府や占領軍などに言われながら、この日を守り抜いた日本の女性たちの歴史を強調したかったのです。

もう一つ驚いたことは、病院の看護師の女性たちも「三・八女性デー」のことなど全く知らないことでした。女性デーに取り組んでいる人は多いし、皆がんばっています。しかし、女の運動は、まだ少数派というか、女性の中でも主流になっていない。これは問題だと思いました。「女性デー」を国民の祝日に、という運動ができないものかと思いました。

私は今の祝日が、ほとんど戦前の皇室関係の祝日がそのまま残っていることに大きな問題を感じます。一月一日や、春分の日、秋分の日などは関係ないではないかと思われるかもしれませんが、正月元旦は皇室にとって最大にして大切な日、皇室は天照大神の子孫で、太陽信仰です。春分や秋分は春季皇霊祭、秋季皇霊祭という太陽信仰に由来する大切なお祭りの日でした。後になってできた海の日などの祝日も何やら皇室がらみだったり、こんな祝日ばかりで女の日がないのはおかしいではありませんか。

「痛い痛い」と騒ぐうちに七日には手術となりました。手術について、娘が来ているとき、小松先生から説明を受けたのですが、従来より大きな人工関節を入れる。ふつうの手術だと前かがみができなかったりして、以前のような生活は無理だから、ということでした。手間がかかるこんな手術をしてくださることについて、「あなたのような元気な患者は珍しい。この病棟のほかの患者を見てごらんなさい。ヤル気のなくなった人ばかり……」と言います。娘も「ハァ、元気だけは保証しますが……」などと言っていましたが、私はこのとき、たいしたことと思わずに話を聞いていました。のちに、この手術の意味がわかり、小松先生に、感謝の気持ちいっぱいになるのですが。

手術は寝ているだけですから私は気楽でしたが、翌日からのリハビリで、けがの大変なことがわかってきました。

手術の翌日からリハビリなどと言いますと、昔の人はびっくりしますが、リハビリは早い方が回復が早いと言われています。リハビリの先生たちは親切ですし、いつも思っていることですが、この方々は、絶対に悪く言わず褒めてくださいます。昨日よりよくできましたよ、と言われると、たとえお世辞でも嬉しくなるというものです。

それで何となくほんわかしていたのですが、手術後一週間たち、シャワーを浴びていいことになりました。これも順調でいいことのはずだったのですが、看護助手が体を手術した左にひねってはいけない、かがんではいけない、そうすると手術の後が悪くなるそうですが、自分は前のような体になれないのか、前にしゃがむこともできないのかと、ものすごくショックで、落ち込んでしまいました。髪も洗ってもらったのですが、美容室スタイルであおむけ、前かがみはダメと言われると、退院してからどうなるのだろうかと考えてしまいました。

看護師にがみがみ言われると本当に嫌になり、シャワーして気持ちよくなるはずが不快な思いが残りました。

その後、看護師の方も私の手術は「特別」なので、前かがみもかまわないと言われ、生活指導の先生も髪もうつぶせで洗ってもいいと言われたのですが、とにかくシャワー室で叱られたのはショックでした。私は、けがの前のような状態に戻れると思い込んでいたのですが、とにかく手術前の状態に戻るのは不可能と想像するのはつらいことで、夜も眠れません。

その後、だいぶ状況が変わり、同時に気持ちも変わってきました。シャワーも上手になり（整形外科のシャワーはサービスではなくリハビリの一環なのですね）。よれよれだったリハビリも歩行器で歩けるようになりましたし、杖で歩くことも始まりました。まだ歩くと息が上がりますが、かなり上手に歩けました。息が上がるのは身動きが出来ない頃、体力が衰えたことによるそうです。

病室は高齢者が多く、認知症の方も見受けられます。その中で私は元気なほうですが、元気を装っていても年齢には逆らえません。過信せず落ち込まずにリハビリに務めなければなりません。ともかく外歩きができ、一人で暮らしていけるようにならない、と言い聞かせます。

こうしたことを書いている間に、テレビは新しい元号で無邪気に騒いでいます。私は元号そのものに反対です。日本だけこんなバカなことがあるのか、西暦で通した方が、ずっと経済的だし、グローバル化などと言われるのに、元号にしがみつくのはおかしいと思っているのですが、世の中は、万葉集や梅の名所ブームで太宰府天満宮に人が押しかけていると聞くと、まことにばかばかしく思います。安倍晋三氏は万葉集を日本古来のものと言うことを強調し、日本の文化と伝統を云っていますが、万葉集自体、中国の古典の影響を受けていますし、万葉仮名、つまり漢字で日本語を書いたわけで、字を中国からもらい、それを日本流に直していったわけで、中国の古典の影響、少しも恥ずかしいことではない。それに万葉集は、貴族から庶民まであらゆる階層の人の歌と言いますが、本当に貧しい人や防人たちが、あの難しい万葉仮名を書けたのだろうか。誰か「手をいれた」のではないだろうか。私はなんとなくそんな疑問をいだくのですが。「防人の歌」というと私たちの世代、すぐに思い出すのが「海行かば」です。でも、テレビなどを見る限り、それを言う人はおりません。私はあの歌がすぐに頭に浮かび、げんなりしたのですが……。

とにかく、すぐ飛びついては乗りやすい私たち日本人の国民性、そしてそれを煽り、商売にしようとするような一部メディアの体質に恐ろしさを感じてなりません。

●中山士朗から関千枝子さまへ

このたびの関さんの闘病記を読みながら、やはりもの書きの人が書いた文章だと感心いたしました。

私なぞは、最近、私たちのブログを読んでくれている親しい人に「文章に脳軟化の兆候が表われていると思ったら、教えてください」と依頼している有様です。それに較べて、大変な手術を受けられ、そのリハビリも苦痛を伴うにも関わらず、自分自身を客観的に観察されている文章の鋭さには敬服いたします。そのような状態のなかにあって、仕事のことが念頭から離れない新聞記者の魂のようなものを感じました。それにしても、お怪我をされた後の日程の詰りには驚きました。このたび出版されました私たちの『ヒロシマ対話随想』（二〇一九年五月刊）の帯に、「行動の人」と日高さんが命名されたのもむべなるかなと思いますが、これからは少しご自分の時間を持たれるようにされてはと念願しております。

そのことを感じながら読んでおりますと、被爆直後の私の姿が彷彿としてきました。

そして、いつかも『往復書簡』の中で書いたと思いますが、原爆の放射能と熱線を浴びて顔や手足に火傷を負った私が、現在では看護師長というのでしょうか、外科病院の看護婦長から三ヶ月の間、毎日治療を受けた日々のことが鮮明によみがえりました。それは、火傷した顔や手足の焼け剥がれ、爛れた皮膚の下の組織から滲出するおびただしい膿液を拭い、チンクオイルを塗布するだけの治療でしたが、クレゾール水溶液を含ませた消毒綿が触れただけでも飛び上がるような痛みを感じました。

気丈な婦長さんは、私を押さえつけ「身体じゅうに蛆をわかせ、臭くなって死んでもええと言いんさるか」と語気を強め、額に汗を浮かべながら私の体を押さえ続けるのでした。私は私で「こんとに痛いんなら、死んだ方がましじゃ」と叫んでいました。おしまいには、家人が手伝って私を押さえつけ、ようやく治療が終了するという始末でした。

ですから関さんが術後に身体をひねったり、前にかがんではいけないと看護師の方から注意され、介護ヘルパーさんに支えられての生活に気落ちされたことは、よく理解されます。私も治療が終わった後で「よく頑張りましたね」と褒められたことを、関さんの闘病記を読み終えて思い出しました。

今後、日常生活において色々と支障を来たすことがあるかもしれませんが、乗り越えて下さい。関さん流に言えば、「目」、「耳」、「口」が達者なら大丈夫です。私は、それに「手」を加えております。吉村昭さんが、作品は「手」で書くものといわれた意味が、最近ようやくわかるようになりました。そして「手」は、生命維持の根源の機能をもっていると思うようになりました。

お手紙の冒頭に、私の肺炎後の健康状態についてご心配を頂いておりますが、つつがなく暮らしておりますのでご安心下さい。けれども、最近、新聞の訃報欄を眺めておりますと、高齢者の肺炎による死亡が多いことにあらためて気づいているところです。幸い命が助かったものの、気をつけなければならないと思っております。

このたびのお手紙の締めくくりとして、元号「令和」の典拠の歓迎ムードについての考察が述べられていました。私も関さん同様に、新元号発表後の安倍首相の談話には腹立たしさを覚えました。

初春令月　気淑風和（初春の令月にして、気淑く風和ぎ）「万葉集」巻五、梅花の歌の序を典拠したことを告げた後で、「天皇や皇族、貴族だけでなく、防人や農民まで、幅広い階層の人々が詠んだ歌が収められている」と説明し、国書からの典拠と説明しました。その結果、異様な歓迎ムードが高まったのでした。政策的にも、効果をもたらしたのです。

こうした決定の談話を聞いておりますと、安倍首相はやはり戦争を知らない世代の人だなと思いました。知らないというより、歴史から学ぼうとしない宰相としか思えません。

戦争の最中に育った私たちは、万葉集と聞けば、

海行かば水清く屍　山行かば草生す屍　大君の辺にこそ　死なめ　顧みはせじ

と、事あるごとに歌わされましたが、学徒勤労動員で派遣された工場でも、日本軍玉砕のニュ

ースが伝わった際には、作業を中止して斉唱し、必勝祈願したことがまず頭の中に浮かんできます。

また「令」という文字を見た瞬間、私は「命令」という文字がイメージされました。それは、私たちが戦時中に、国民学校令、学徒出陣命令、中学生の勤労動員令、女子挺身勤労令、ひいては勅令、召集令状、戒厳令などの言葉に出会ったからだと思います。その他に朝令暮改、巧言令色鮮仁（論語）という言葉もあり、「令」という文字に関しては良い印象がないのです。戦争を体験した世代がやがて消滅すれば、「令」は安倍首相の言う麗しい時代を象徴する言葉になるのでしょう。

「令」という言葉は、関さんの言われるごとく、中国の古典の影響を受けているのはまちがいありません。万葉集は、日本が律令国家を形成していた頃、つまり随・唐にならって七世紀半ばから形成され、奈良時代を最盛期とし、平安初期の一〇世紀までとされていますが、その間三百五十年間にわたって詠まれた長歌、短歌、施頭歌など約四千五百首も収められているのです。

「律令」は辞典によれば、律と令。律は刑法、令は行政法などに相当する中央集権国家統治のための基本法典、と示されています。律も令も古代中国で発達、随・唐時代にともに完成し、日本はじめ東アジアに広まったとされていますから、やはり万葉集からの典拠として決めつけるのは無理があるような気がします。

8

「令和」の万葉集ブーム、薄れゆく戦禍の記憶

二〇一九年五月

●関千枝子から中山士朗さまへ

なんだか、この前の手紙、泣き言ばかり書いたようで失礼しました。ただ、大腿骨骨折のリハビリの大変さを、痛感しています。退院は四月は無理で五月になりました。

それにしても驚くのは年寄りの入院者の多いことで、まるで老人病棟のよう。それも女性が多いのです。完全に認知症と思われる人もかなりいます。年寄りの骨折がいかに多いか、ということだと思います。身の回りのことも何もできない人も多く、結局家族が見るということなのでしょう。幸せな方々かもしれませんが、いろいろな意味で考えてしまいます。ただ一つ言えることは、やはり、けが（骨折）はいけませんね。高齢者には禁物です。屋内で骨折する人も多いようなので、中山さんも、これだけは気を付けてください。

病院に籠っているうちに世の中いろいろ変わってきました。不愉快なことが多いです。まず、元号騒ぎです。これで安倍氏の支持が増えたなど、信じられませんね。でも、中山さんのお便りに「海ゆかば」のことが書いてありうれしくなりました。「令」の字の持ち上げや万葉集賛歌が言いふらされる中、「海ゆかば」のことを誰も言わないのに、私は怒っております。最近、「海ゆ

かば」のこと書いている新聞もあることに、気づきましたが、とにかくテレビの世界では（今、私は、病院にいるので新聞を読む機会が少なくて、多くの情報をテレビに頼っていますので）、「海ゆかば」のことに触れているテレビ番組など見当たりません。戦中を少しでも生きた人間だったら「海ゆかば」を忘れた人はいないでしょうに。

あまり腹が立ち、女性文化研究所の機関誌（ニュース）に、そのことを書かせていただきました。依頼は「今伝えたいこと」というテーマで、数回連載で、思っていることを書いてくれということで、私の生まれたころからのことを書こうと思ったのですが、この「令和騒ぎ」で、昨今の話題と絡めて皆さんが忘れていることを書こうと思います。

第一回は、「海ゆかば」のことを書きました。万葉集が貴族から庶民までの歌を集めた国民の歌集のように言われるが、あの頃の庶民があの難しい万葉仮名を書けたか。その中でも貧しい東国の防人が歌を詠み、書くことができたのか。五七調は日本語をしゃべる人にとって言いやすいので、少し教えれば、短歌めいたものをしゃべることはできたかもしれませんが、万葉仮名で書くことはどうでしょうか。誰かがあとから添削したものではないか、そんな疑問をもっています。

さらに、「海ゆかば」の曲のでき方に対する腹立たしさです。

あの歌は、一九三七年、盧溝橋事件から始まったシナ事変が実質的戦争に広がり、近衛内閣が、「国家総動員計画」を立てた。その最初の国民を鼓舞する大宣伝が「国民歌謡」でした。月に一度「国民歌謡」を作りラジオで放送するというのです。昭和の初めに出現したラジオは、満州事変を経て国民に広く普及、よく聞かれておりました。国民歌謡の第一回が「海ゆかば」でした。信時潔氏の作曲による荘重な調べは国民の心をとらえ、誰一人知らぬものはない曲となりました。天皇のために命を惜しまない、それが日本人、戦死は「誉」という考えが自然に国民の中に行きわたっていったのです。

特に忘れられないのは戦争末期、玉砕の報とともにこの調べが流されたことです。鬼畜米英憎し、一億火の玉となって聖戦を闘い抜く、と悲壮な気持ちになったものです。

なぜ、国民歌謡第一作が「海ゆかば」だったか。私は、どう考えても信時氏が自分で「海ゆかば」の歌を選んだとは思えないのです。国家総動員で難局に対処する、国民を鼓舞する歌には何がよいか。それには防人の天皇への忠誠の歌こそ最高、と考えた人がいて、当時超一級の作曲家、信時潔氏に曲をつけることを依頼したのではないかと思うのです。

この歌のすさまじさ。海でも山でも野垂れ死にＯＫ。屍などどうなっても構わない、遺骨どころではありませんね。しかし、こんなことを本当に防人が心から思って歌に詠んだのだろうか。元歌のようなものがあっても誰かが手を加えたのではないだろうか、と疑ってしまうのですが。

もっとも恐ろしいことは、今回の「令和」騒ぎで万葉ブームが起きたのに、「海ゆかば」のことを誰も言わないことです。皆さん、「海ゆかば」のこと忘れてしまったの！

とにかく、元号というものに、私は大反対で、世界に通用しない日本だけの「馬鹿な習慣」、それに対し、まったく無批判で、「時代の区切り、節目だから」など平気でしゃべっている人の多さ、何だか、悲しくなってしまいます。

こんなことを書いているうち五月一日になってしまいました。今日から令和一年になるわけで、テレビをひねったら、一晩寝ずに踊っただの、令和と名付けたお菓子に行列ができたの、デパートの初売りに大騒ぎだの、まるで、ハロウィーンの渋谷の騒ぎを思い出すような騒ぎがあちこちで行われたようで、ほとほといやになってしまいました。日本人はお祭りが好きで、なにかにつけ直ぐ舞い上がるようで、怖いと思います。新しい時代になったなど平気で言っている人、何を考えているのでしょうね。世界中の大部分の人が元号なんて知らないのに、日本人だけが「新しい時代」なんておかしいですね。

天皇（上皇ですか）は平成を戦争がなく、よかったと言いましたが、私から見れば、この三十年、限りなく戦争に近く、戦前の趣を呈しているように思えてならないのですが。

世の中の「バカ騒ぎ」と別に、とても心配です。日本だけでなく、世界中の逆コース（こんな言葉、ありましたね。覚えておられますか）心配です。ＮＰＯ会議でも核を持つ国々の態度はますます荒々しく、気持ちが逆立ってくる思いです。

●中山士朗から関千枝子さまへ

五月二〇日、日高さんからブログ用のお手紙が送られてきました。その時、関さんの退院が二十五日に決まったことが伝えられ、安堵したことでした。三カ月の療養生活の間、さまざまな感慨がよぎったことでしょうが、どうぞ、焦ることなく、ゆっくりと事を運んでください。

前回頂いたお手紙に、「海ゆかば」についての考察、それに伴う「万葉集ブーム」、元号が「令和」に変ったことによる若い世代の人々の、意識の低さについて述べられていましたが、私も同感しながら読ませてもらいました。そして、「平成は戦争がなく、よかったと言いますが、私から見れば、この三十年、限りなく戦争に近く、戦前の趣を呈しているように思えてならないのですが」という趣旨の言葉がありましたが、その通りだと思います。

関さんの手紙が届いた翌二十一日の新聞に、丸山穂高議員の発言問題が発生したことが伝えられました。これは北方領土へのビザなし交流訪問団に同行していた十一日、国後島の宿舎で酒に酔い、元島民の団長に「戦争でこの島を取り戻すのは賛成ですか、反対ですか」「戦争をしないと、どうしようもなくないですか」と質問し、元島民から厳しい批判が相次いだと言います。日本維新の会では、十四日に除名処分にし、与党はけん責案を衆議院に提出しましたが、野党からの議員辞職勧告決議案は否定されました。この野党の決議案に対し、丸山議員は「言論の府が自らの首を締めかねない」と反発し、辞職を重ねて否定しています。

こうした事実を新聞、テレビの報道で知ったとき、私は、戦争を体験したことのない世代の発言だとは思いましたが、歴史から何も学んでいない人間が国会議員になっていることの恐ろしさを感じずにはいられませんでした。

前回の四月二十二日付の手紙に、偶然に「令和」という元号が、万葉集からの典拠だという説明について、私は「安倍首相もやはり戦争を知らない世代の人だと思いました。知らないというより、歴史から学ぼうとしない宰相としか思えません」と書いているのです。繰り返しになりますが、万葉集と言えば、私たちの年代の者は、すぐさま戦時中にしばしば歌わされた「海ゆかば」に直結してしまうのです。

こうした私個人の感情と機を一にした川柳が、五月三日の朝日新聞の西木空人選による七句のうち二句が選ばれているのが目に止まりました。

「憲法を守り」が令和で「のっとり」に　（福岡県）牧　和男
おおきみの辺にこそ死なめと説くなよな　（広島県）廣田勝弘

安倍政権はこれまで安全保障関連法を成立させ、集団的自衛権の行使や他国軍の後方支援拡大への道を開いてきました。その一方で戦後七十年以上たち、戦禍を知る世代は少なくなっているのが現状です。そんな状況の最中、安倍政権は憲法に自衛隊明記、憲法改正に躍起になっているのです。改元を利用した政治の在り方に疑問を抱いている最中の丸山発言でした。この宰相にしてこの議員あり、と簡単に言って済ませることではないと思うのですが、『一億総活躍時代へ』

の言葉に、戦禍を体験し、記憶している私たちにはぐっと来るのです、ましてや、失言した大臣を抱え、その失言のためのマニュアルまで作成しなければならない政府のこと、何が起こるかわかりません。丸山発言は、まさしくその象徴のように私には思われてなりません。

暗い話になってしまいました。この辺で打ち切ります。

このところ、私たちの『往復書簡』を読んだ人たちから、いい仕事をしているとの評価をいただき、嬉しく思っています。その評価の背景にあるのは、ブログで読むのと本になって読むことの違いが指摘されていました。ブログではその時点で書かれたことしか読まないけれども、本になるとその前後と関連しながら読むのでいっそう理解が深まるという趣旨の言葉が多くありました。

それというのも知の木々舎の厚意によって、七年間にわたって発表の場を与えていただき出させているおかげだと思っております。関さんも、私も年齢相応の病気を抱えておりますが、「核なき世界のために」のコーナーで執筆していることの仕合せと感謝の念を抱いておられるのではないでしょうか。死ぬまで書き続けるという意思の現れは、ここから始まっているような気がします。

9　語り継ぐ若者たちへの期待

二〇一九年六月

●関千枝子から中山士朗さまへ

退院から早くも二週間たちました。なんだかばたばたしていて、もうそんなにたったかしら、という感じです。

世の中、相変わらず「令和ブーム」で、バカみたいと思うことばかりです。「海ゆかば」の話は、ほとんどの人が話しませんし、皇室の記事が異常に増えているのが目立ちます。本当に何か、変、です。

退院後の暮らしも、三カ月の病院生活の間に、用事をたくさん先送りしていて、それを片づけるのも大変だったのですが、介護支援2に判定され、介護の人との打ち合わせなども、大変でした。退院のその日に、打ち合わせに来てくださり、とても親切なのですが、いろいろ契約とかなんとか、いちいちハンコがいり、まごまごです。この頃ハンコ使うこと減って来たこともあり、私、ハンコ押すのへたくそ、大変！　用具も購入したのですが、この一つ一つに契約書やハンコ。

生活支援のヘルパーさん、大変ベテランらしく、手際がいいのですが、来るたびにハンコがいります。連日のハンコにびっくり。それでも、用具は定価の一割で買え、ありがたいです。九割は公的な補助なので、書類やハンコがたくさんいるのも仕方ないかもしれません。わかりますが。

生活支援は、週一度、私のできないところの掃除などを手伝ってくださいます。もしかしたら中山さんのところにもこんなヘルパーさんが来てくださっているのかもしれませんが、本当に四十分くらいで、手早く上手に仕事してくださり、感心してしまいます。

用具の中でみなさんあまりご存知ないと思う道具は風呂に入るためのもの。病院のリハビリではシャワーを練習させられ、これは自分一人で完璧にできるようになったのですが、シャワーだけでは嫌ですね。暑い日であっても湯のなかでゆっくり温まりたい。しかし、私の足の状態では、風呂桶が深すぎて入れない。そんなとき助けのために、風呂桶の上に板、桶の中に椅子を置き、これを使うとうまく入れるのです。こんな道具など三点を一万円位で、購入できました。大助かりです。介護の制度についてはいろいろ問題も多いと思いますが、やはり大事な制度だと思いました。

食事は食欲も、まあまあですが、毎日トマトをたくさん食べています。病院の食事は野菜が多く、ヘルシーだったのですが、トマトは、高価なためか、あまりなく、トマトが欲しいと言って娘に差し入れてもらったこともあります。退院後、毎日トマトを食べているのですが、トマトには病気の人を癒やすなにかがあるのでしょうか。原爆の時のことを思い出しました。中山さんもトマトを欲しがりお父さんが苦心された話、前に伺いましたが、本当に原爆の時、けがをした皆さんがトマトを欲しがったのを思い出します。トマトが、傷に沁みないのがよかったのか。そんなことを思いながら毎日トマトを食べています。

こんなことで、ガタガタしていますが、とにかく私の今の状態はパワー不足、体力不足なのです。それだけ大腿骨骨折は体力を使うということらしいです。もちろん手術のすぐ後からリハビリ、歩く練習をしているのですが、私の今の状況では歩行が、ちょっと長いところは杖だけでは無理で、杖とサイドカートの二つで歩いているのです。もちろん歩行器などをつかえばもっと楽に歩けるのですが、近所だけでなく、さまざまな場所にいくのに歩行器では不便です。さまざまな乗り物を使う、階段、エスカレーターをつかわなければならないところもある。いろいろなことを考え、少し遠い距離を歩くには杖とカート、近いところ（わがマンションの中など）は、杖。ほかに屋内は伝い歩き。何もなしで歩きます。

こんなことでも、体力不足ですぐ息が上がってきますが、体力（パワー）を取り戻すためには、結局歩くことしか方法はないということです。それで、毎日できるだけ歩くようにしています。ただ杖とサイドカートの歩行ですと傘がさせず、雨の日が問題なのですが。

まあ、こんな日々で時間のロスも多く、かっかとしていますが、とてもうれしい知らせも入っています。

『対話随想』で、早川与志子さんの北杜市の感動的なコンサートのこと書きました。早川さんからうれしい便りが来ました。あのコンサートで歌われた歌手の方から、今度は自分たちが早川さんの思いを引き継ぎ、コンサートをしたいと言ってこられたそうです。核廃絶、平和の気持ちを引き継いで、ヒロシマから被爆二世の方も招くそうです。こうしたことには広島市も、被爆二世の方の旅費などをヘルプしてくださるそうで、いいですね。早川さんも、もう二度と同じようなことはできないと思っていたそうですが、歌手の方の熱心な思いに、司会などを手伝うそうです。早川さんの思いが引き継がれたそうで本当にうれしいですね。

それからある大学の学生さんが、ヒバクシャの問題に関心があり仲間の友人と二人でぜひ話を聞きたいと言ってきて、六月の末、お会いすることにしました。この学生さんは、竹内良男さんの紹介です。でも、こういう若い人々が出てくるということはうれしいことですね。

それから、『対話随想』の二〇一七年ごろにも書きましたが、シニア劇団の全国集会があり、奈良の熊本一さん（劇団大阪）のシニア劇団が『広島第二県女二年西組』を演じ、それを見て、このドラマを演じる劇団もあったという話を書きました。その後、劇団大阪のシニア劇団「豊麗線」は、熱心にこのドラマを演じてくださっていますが（出前公演などもなさっています）、二回目のシニア劇団の全国大会の方が二〇二〇年、オリンピックの真っ最中に東京で開催されるそうです。それに「豊麗線」は『二年西組』で参加すると言われ、そんなことができればいいですがね、と半分は本当かなという気で聞いていたのです。そしたら、本当に二〇二〇年夏、全国集会を東京でやることが決まり、「豊麗線」は本当に『二年西組』で参加するのですって！

えらいこっちゃ、大いに宣伝して、人集めしないと、と思っています。それまでに、大いに元気にならないと。ぼやぼやしてはいられません。

●中山士朗から関千枝子さまへ

お手紙拝見しながら、退院後の生活のご苦労が伝わってきます。

入浴時には、ヘルパーさんに頼んで入浴介護を受けられてはいかがでしょうか。私は要支援1の資格認定なので、そうした介護は受けられませんが、私的に週一回程度掃除、買い物を手伝ってもらっています。

以前は、独居老人の浴室での溺死、転倒死が新聞などで報じられても、他人事のように思っていましたが、足、腰の衰えを感ずるようになった現在では、一人で入浴するのが何となく不安に思われるようになりました。

そのために入浴介護をお願いしたのですが、最初はやせさらばえた老体、被爆してケロイドを残した肌を異性の人の目に晒すことの気恥ずかしさを覚えましたが、今では、安心して入浴しております。

関さんもぜひ入浴介護を依頼されて、安全、快適な入浴時間を持たれるよう、余計な事のようですが、提案いたします。

トマトの話、被爆後にしきりに欲しがったことを思い出しました。その記憶のせいか、今でもトマトは欠かさず食べています。特に野菜中心の食事に切り替えてからは、スープ、マリネ、サラダは欠かさず食べていますが、サラダはトマトが中心になった調理になっています。そのせいか、体調はいいようです。

つまらぬ話ばかりしてしまいましたが、健康の秘訣は、目的のある仕事を持ち、楽しいことを想像しながら、美味しい食事を摂ることだと言われていますから、関さんもぜひそうしてください。

とは言え、関さんの何時に変らぬ、しっかりした文体のお手紙を読ませて頂き、安心しております。特に早川与志子さんの思いを引き継いだ北杜市のコンサート再演の話、二〇二〇年の東京オリンピックの最中にシニア劇団の全国大会が開かれ、それに大阪のシニア劇団が関さんの『二年西組』で参加する話は、お聞きしているだけでもうれしくなってきます。

お手紙の冒頭に書いておられました「令和ブーム」の現象、それに比し「海ゆかば」が人々の記憶から消え失せていることへの思いが綴られていましたが、私も同様な思いです。

いつかも「令」について「命令」のイメージにとらわれると書きましたが、六月二日の朝日歌壇に高野公彦、永田和宏両氏の選の中に、

令の字につきまとわれし兵の日日知る人ぞ知る今も夢路に　（枚方市）鈴木七郎

の和歌が選ばれているのが目にとまりました。
安倍首相は、しばしば「民意」という言葉を用いますが、この和歌に込められたものこそ民意であろうと私は思いながら読んだことでした。「海ゆかば」についても同じことが言えると思います。

こうした民意をないがしろにした日本の政治は、どこに向かって行くかと想像すると、昔歩んできた道を行くような気がしてなりません。

お手紙の終わりに、ヒバクシャ問題に関心のある二人の大学生にお会いになられることが書かれていましたが、こうした若い人たちがヒバクシャから話を聞き、自分たちの言葉で、語り継ごうとする動きがあることに、私は期待しております。

と言うのは、六月十三日の大分合同新聞の夕刊「旬の人」というコラムに、核廃絶への国会議員の姿勢を問うサイト開設に携わった安藤真子さん（24歳）の話が載っていたからです。彼女は広島市出身で、現在は神戸大大学院で被爆体験の継承方法を研究していて、「自分の言葉で広島、長崎を語り継いでいきたい」と決意を述べていました。

彼女は身内に被爆者はいませんでしたが、周囲から「体験者の生の声を聴くことのできる最後の世代」と言われて育ったと言います。非核を訴える署名運動やヒバクシャへの聞き取りに関わりはじめたのは、高校一年生の時。原爆の記憶を家族にも話せなかった人が「あなたにならと」口を開いてくれたそうです。「思いに触れても、完全に理解することはできない」と悩んだこともあります。けれども。高齢化する被爆者から、「二度と同じ体験をさせたくない」との願いを託された気がして、「駆り立てられるようにして」話を聞いたと言います。

ＩＣＡＮのノーベル賞受賞を祝う会で川崎哲氏と知り合い、被爆者と船で、世界各地を巡り、記憶を伝える活動に共に参加しました。航海を終えて、帰国した昨年末、前記サイトの解説への協力を依頼され、議員調査を担当し、事務所に約五百通のメールを送ったが、返事はほとんどなかったそうです。「核廃絶の立場が選挙で問われたことはない。各議員の姿勢を明らかにすることで、現状を変え、政府を動かしたい」との抱負を述べています。

関さんがお会いになられる二人の大学生、そして安藤真子さんのような若い人たちが次々に現れて欲しいと思います。そのためには、体験を語ることのできる最後の世代の私たちが、正確な記憶、記録を継承しておかなければならないと思っております。

山の手大空襲の集い。二人の女優のヒロシマ。

二〇一九年七月

●関千枝子から中山士朗さまへ

退院後一か月が過ぎましたが、相変わらず、のろのろと仕事をしております。一言でいうとパワー不足で、休み休み仕事をするので何事も遅くて仕方がないのですが。でも退院一か月検診で、骨折部の人工関節はとてもきれいに入っていましたし、手術は成功なのでしょう。しかしこれで、体が元のパワーにもどるかというと、そんなことではないようで、大腿骨骨折はやはり大変ですね。しかし、安静にしていればいいというものでもなく、歩いたり「わが仕事」をちゃんとやっている方が、体の調子もいいようです。

そんな中で一日に二、三冊ずつ『対話随想』を「登場者」に送っています。何冊かは入院中、西田書店に頼み送ってもらったのですが、まだ送れてない方がいらして。一度に送ればいいのですが、ポストに運ぶのが大変で、一度に三冊くらいで、まあのろまな仕事です。

色々反響が多いのですが、その中から狩野美智子さんの手紙を紹介します。ご承知のように、『対話随想』の中で、彼女が「玉音放送」の後のラジオを聴いていた話が書いてありますが。その部分です。

《……私は、そのままラジオを寝そべって聞いていたのです。祖母、母、妹は聞き終わってすぐ部屋に戻ったのですが、私は被爆後六日目です。しんどかったのでしょうね。ラジオのある茶の間にいて、そのまま寝そべっていました。「玉音放送」の後「解説」とおぼしき放送があったのをじっと聞いていました。（あとで、敗戦は、つまりポツダム宣言受諾のことで、その内容の解説だったのだとわかったのでしたが）。五十一ページに中山さんは私の聞いたのはずっと後GHQの管轄下におかれたころに聞いたのではないかと書いていらっしゃいますが、私は「玉音放送」の直後に聞きました。

私のその時の気持ちは、そのころ、繰り返し読み続けていた「啄木歌集」のなかにあった「地図の上朝鮮国にくろぐろと墨を塗りつつ秋風を聴く」という短歌でした。朝鮮が日本の植民地でなくなるのだ。日本のしたことは間違ったことだった。それが思いです。その時、台湾のことはあまり考えなかったのですけど》

狩野さんは、中山さんより一つ年上の学年です。私たちに比べて少しは「大人」の考えを当時すでに持っていたのかもしれません。それにしても、狩野さんは、金子兜太さんのことが書かれている部分に興味を持たれたようです。東京新聞で、二〇一五年から、金子さん、いとうせいこうさんを選者に平和の俳句を一般から募集する企画をした。狩野さんは俳句は素人にはできるものではないと信じていたけれど、季語のいらない平和の俳句をやってみようかと投稿したそうです。一年目、落選句の中から係の記者が選んだ句に一回選ばれたそうです。

「夾竹桃　伝え足らざる戦世《いくさよ》を」

選者に取り上げていただいたのは三年間で三句、

「櫻花　散ることだけが褒められた」

「竹槍で　Ｂ29を撃つ狂気」

「おばあちゃん　原爆のときどこにいたの」

だそうです。

狩野さんが「平和俳句」に投稿していたとは知らず、驚きましたが、金子兜太さんという方、本当に死ぬまで活動しておられた、すごい方ですね。

ここまで書いてきたところで、緊急ニュース。気象庁発表、九州に大水、自分の命は自分で守れ、早めに避難を、ですって。南九州の方がひどいようですが、大変ですね、何でこのごろ九州ばかりがやられるの！　と思ってしまいます。

さて、その後の報告ですが、本当に楽しくなったこと、二つばかりありました。

六月十六日、「山の手大空襲を語り継ぐ集い」という会に行ってまいりました。一九四五年五月二十五日の山の手大空襲、私が広島に来る前まで東京で住んでいた家もこの空襲で焼けましたし、下町大空襲のことは知っていても山の手大空襲は知らない方が多く、残念に思っていました。

この空襲の一番の惨事は表参道に逃げた人々三千人が、交差点のあたりで折り重なって死んだことで、表参道の石灯篭には今もその時の人びとの焼けあとがはっきり残っております。この近くの善光寺という尼寺で、毎年供養法要が営まれています（まったくの寺のご厚意で）。

私も毎年参加していたのですが、去年は何か都合がかち合って行けず、今年はなんと病院から退院の日で、行けず、残念に思っていたら、こんな集いがあるというので、参加しました。と言っても、何事にも仕事が遅くて大分遅刻してしまい、一部がすんだ頃着いたのですが。一部は、山の手大空襲の被害者の手記（今まで二冊出ていますが、今年、また手記集を作ったそうです）を小中学生が読み、小学生がそこで退席して中学生以上と大人たちの話し合いになるところから参加したのです。

そして集まっている人々がいつもの法要の時と違って二回りほど若いことに気づきました。空襲体験者に若い世代の人が協力してこの集いを計画した、山の手大空襲の体験を次世代に伝え、歴史から学び戦争を二度と起こさないようにすることというのが趣旨だそうで、実にいいことだと思いました。

実際に朗読した女子中学生の方から「焼夷弾が、落ちてくるとき、ザーという音がしたと書いてあるが、なぜそんな音がしたのか」とか「焼夷弾ってどんな大きさのものだったのですか？」など質問が出ます。私は焼夷弾の被害を直接受けたことがないのでよく知らなかったのですが、体験者の方はよく覚えていて、焼夷弾はいくつか束ねて落とされることが多く、ザーというすさまじい音がしたこと、長さは五十センチくらいだったことを詳しく話される方もいました。でも、ただ読むだけでなくキチンと質問する中学生に感心し、この少女の制服から東京女学館の生徒と分かったので、東京女学館初等科（小学校）の卒業生である私は、思わず発言してしまいました。

渋谷区羽沢（当時の地名）の女学館は全部鉄筋の建物で、あの学校が焼けるとは誰も思っていなかったのに、本館四階の講堂に弾が命中、講堂だけが焼けたこと。私の同クラスの方々の家も恵比寿、麻布、六本木、白金などの方が多く、そのあたりも全部焼け落ちたこと。山の手大空襲の地域は広く人口の関係で死者の数は少ないのですが、あの空襲で本当に首都東京の息の根が止まったことなど。でも女学館の生徒が朗読に参加していること、熱心な先生がおられることなど分かりとてもよかったです。いい会でした。主催者の方のお話では、八月三日にまたこんな会をするとのこと、いいですね、私はその頃は広島に行っていて参加できませんが、東京の空襲は下町大空襲だけでないことを次世代にぜひ伝えてください、と言っておきました。

三十日、ある大学の学生さん二人に会いました（81頁参照）。ヒロシマのことに興味を持っている人と分かったのでお会いしたのですが、熱心で優秀な二人（男女）に感心しました。私の本を上げようかと持って行ったのですが、本は持っていて、付箋をつけ熱心に読み込んでいるのに驚きました。この人たち別に秘密でなし、名前を書いてもいいのですが、何だか大学などへの締め付けも始まっているし、二人とも大学三年生。教師志望だというので、もし何か不利益があってはいけないと思い、大学名も名前も書きません。

この二人の大学は超一流校ではありません。しかし、近頃超一流校出身のおバカさんをたくさん見ています、勉強の偏差値と人間の優秀さは全く違うと思いました。

男性は、子どもの時「はだしのゲン」を見て原爆のことを考えるようになった、と言い女性は高校のとき、沖縄修学旅行に行って、と言います。それから素晴らしいことは、大学のゼミ（二人とも同じゼミ）が素晴らしく、先生はマーシャル諸島の原爆実験の被害のことを研究している方で、そんなゼミなのでゼミ仲間は、原爆のことや戦争の問題にとても熱心なんですって。すばらしいですね。そしてこの二人が教師になって次の世代に伝えたい、歴史の継承をしたいと真剣に考えているらしく、感動してしまいました。

四時間近く話し込んでしまいました。彼が「学生全体で言うと無関心な人が多く、どんなに僕らがひっぱり込もうとしても、関心がなければどうしようもない、どうしたらいいでしょうね」と聞かれたのにはまいりました。私たちが今の「若い人」たちに抱いているどうしたら、と同じ思いですから。そしてそれは、私たち世代の責任かもしれませんから。

この二人は八月五日には広島入り、私のフィールドワークに興味をもち、参加したいようです。今年の夏は、また新しい「連れ」が出きたようです。しっかり体を鍛えておかないと、思っています。

●中山士朗から関千枝子さまへ

まずもって、狩野美智子さんの歴史的記憶を傷つけたことを深くお詫び申し上げます。改めて前著『ヒロシマ対話随想』の四十六頁から五十一頁を読み直し、ラジオ放送の「天気予報」復活にこだわり過ぎ、不適格な表現になっていて、狩野さんにご迷惑をおかけしたこと、深く反省しております。どうぞ、関さんからもよろしくおとりなしくださいますようお願いいたします。

このところ、狩野さんをふくめて関さんや私たちの世代の戦争、原爆に対する発言が、新聞紙上で大きく取り上げられるようになりました。被爆、敗戦七十四年目の夏を迎えての特集記事だろうと最初は思いましたが、そうではなく、あの戦争を体験し、その記憶を語ることのできる最後の世代の人びとが消えてゆくために、その証言を遺し、継承するためであることに気づきました。私たちの『対話随想』と同じように、消えてゆく者の証言、継承の静かな語りがありました。

はじめに、関さんが『往復書簡』で、平幹二朗さんと二人だけの出演「黄昏にロマンス」について語っておられましたが、その俳優の渡辺美佐子さんについて書いてみたいと思います。

現在八十六歳になる渡辺さんは、広島、長崎で被爆した人の体験記を読む朗読劇「夏の雲は忘れない」を戦後四十年の節目の年に始め、三十四年にわたって、千回も公演を続けている人です。

その朗読劇が、幕を閉じることになったと六月十九日の朝日新聞に報じられていました。

これについて渡辺さんは、

「私たちが年を取って、体力的に限界になりました。女優達だけで運営しているので、十八人いたメンバーも十一人になりました。一九八五年に始まった『この子たちの夏』は原爆で子どもを失くした母親の話が中心で四十から五十代の女優たちが出演しました。各地からお呼びがかかり、それ以後三十四年間、七月と八月はほかの仕事を断って、全国を回る夏が続きました」

と答えていました。

このことは六月二十一日の大分合同新聞にも大きく報じられていて、今月中旬に東京都内で行われた稽古に、渡辺美佐子さん（86）、高田敏江さん（84）、長内美那子さん（80）、山口果林さん（72）らが参加している写真が掲載されていました。

そして、

――広島の原爆で初恋の人を亡くしたことが、参加するきっかけだったそうですね。

この質問に対して、渡辺さんは、

「劇の始まる五年前、テレビの対面番組で、国民学校時代の級友が広島の原爆で犠牲になったことを知りました。私が会いたいと願っていた水木龍雄君でした。番組に出てきた彼の両親は、「遺体も遺品もなく、目撃者もいないので、いまだに墓も作れない」と語りました。広島で十四万人、長崎で七万四千人が犠牲になったことは知っていましたが、その中に彼がいたことは衝撃でした。」

「テレビのカメラは私の涙を撮ろうとして近づきましたが、私は泣かなかった。あの時、こらえた涙が心の中で固まって理不尽なものへの怒りに変わり、その後の私を動かす力になってくれたと思います」

私はその時の場面をテレビで見ていて、その話を『対話随想』で書いております。

そして、一九四五年の東京大空襲の経験について質問されると、

「私が小三の時、太平洋戦争がはじまりました。戦禍が拡大して、多くの級友が疎開する中、死んでもいいからお母さんと一緒にいる、と言い張り、終戦の三カ月前まで東京に残った。毎晩十二時になると空襲警報が鳴り、防空壕に入る。焼夷弾はひゅる、ひゅる、ひゅる、爆弾はザーと落ちてくる」

「一番つらかったのは、食べ物がなかったことです。父がどこからか時々真っ黒な米をもらってきましたが、食べられたものじゃなかった。母が煎った数十粒の大豆を袋に入れて渡されるのが一日分の食糧でした」

と答えていました。

この箇所を読んだとき、前回の関さんの手紙に「山の手大空襲を語る会」で関さんの東京女学館の後輩生徒が、焼夷弾が落ちるときのザーという音について質問している場面を思いだしました。そして、私自身は、原爆が炸裂した時の、地の底から私自身の全身を貫き、一瞬耳の鼓膜が破裂したかのような音響が伝わってきたことを昨日のことのように思い出したのでした。

最後に、戦争の継承についての質問については、

「大事なのは教育だと思います。どうして日本は勝つはずもない戦争をしたのか。なぜ、年寄りと子ども、女しか住んでいない都市に原爆が落とされたのか。戦争に行けば、普通の人間が人を殺す。そういった事実を子どもたちにきちんと教えれば、ばかばかしい戦争が防げるのではないでしょうか。学校で戦争の恐ろしさを教えてくれれば、私たちの朗読劇も必要なくなるんですよね」

そして、「今の綱渡りの世界の平和が、広島、長崎の犠牲者に支えられていることを私は忘れません」と語っていました。

その直後の六月二十七日のNHKテレビで、奈良岡朋子さん出演の番組がありました。番組の標題は、〈奈良岡朋子89歳大女優と戦争体験。運命の広島公演に向け〉となっていました。

奈良岡さんは、渡辺さんと同じ日本橋の出身で、大空襲に遭って食糧難に喘ぎ、青森に移るまでの三カ月、草などを摘んで飢えをしのいだことを語っていました。彼女は、毎年八月六日が近づいてくると、井伏鱒二の『黒い雨』の朗読会を開いています。今年は、山形で開かれる様子でした。

広島との縁は、昭和二十五年に新藤兼人監督の映画『原爆の子』に出演したことでした。

昭和二十五年と言えば、広島市内は原爆で破壊された風景がまだ生々しく残っていました。したがって、現在のように宿泊するホテルや宿の設備がなかったので、普通の民家に泊めてもらって撮影に行ったと語っていました。

彼女らは広島に行くと、必ず丸山定夫の「移動演劇隊殉難の碑」を訪ね、合掌していました。最後に、「朗読ならば、車椅子でできますからね」と語った言葉が、強く印象に残りました。

11

朗読劇「夏の雲は忘れない」と映画「はだしのゲン」

二〇一九年七月

●関千枝子から中山士朗さまへ

選挙も済みましたが、私、結果も結果ですが、あの投票率に呆れています。日本人は自分たちが主権者であることを忘れてしまったのでしょうか。

と言っているうち八月ももうすぐ。忙しくなりますので、今この原稿を書いています。この次は八月広島報告となりますから。

前章、中山さんの冒頭にありました狩野さんは、大腿骨骨折で、今リハビリ病院入院中です。まだしばらくは入院しているようですから、退院となった時、私たちのやりとりのコピーでも送りましょう。この前電話がありましたが、声は元気です。私も声は元気なのですが、体力の復活がまだまだです。全く、年寄りでなければ、大腿骨骨折はしないと我がドクターは言っておられましたが、困ったものです。しかし、体がこうなると今まで平気だった道などのバリアーが見えてきます。これは悪いことではありません、今度の参院選で山本太郎の「れいわ新選組」(このネーミングは嫌ですね)が身障者を国会に送り出すことになりました。どんな騒ぎになるか。もっともＡＬＳの人は声を出すこともできませんから介助者が二人以上いるでしょう。騒ぎになりそうですね。
この前は狩野さんのお便りしか紹介しませんでしたが、『対話随想』にたくさんの方から礼状が届いております。ほんのちょっと紹介しただけの、山梨の劇団「山なみ」の方は、劇団員に本を読んで紹介した、団員一同喜んだ、とあり、こちらの方こそ恐縮です。昨年、原爆証言に行った都立高校の先生からは、都立高校の修学旅行の費用の上限が一万円上がって、沖縄にも行けることになったとありました。これはうれしいことです。平和教育に修学旅行の力は大きいです。昔のような、平和修学旅行の復活を祈っています。

さて、渡辺美佐子さんの「夏の雲は忘れない」の公演が今年でおしまいになるということですが、渡辺さんのあの新聞インタビューでは少しわかりにくいかと思い、ちょっと「説明」を加えます。

地人会の木村光一さんが朗読劇「この子たちの夏」を始められたのは一九八五年です。その時私のところにも話があって、私の本の中から一部使いたいということだったのですが、脚本が私の気持ちとちょっと違うように思い、お断りした（脚本から抜いてもらった）ことがあります。この朗読劇は評判になりましたが二〇〇七年地人会解散の時に、劇はこれで打ち切ると木村さんは言われました。出演の女優さんたちは続けたかったのですが、木村さんは許されませんでした。そこで女優さんたち十八人は新しい脚本で（原爆の手記はたくさんありますから）「夏の雲は忘れない」を作り、その公演が今に続いています。それが今年でおしまいになるわけです。（その後、「この子たちの夏」も、二〇一一年復活しました）。

「夏の雲は忘れない」が始まる時、舞台の映像に私の本からの写真を使いたいというお話があり、そんなこともあって「夏の雲……」の公演の第一回に私も招かれました。そこが跡見学園だったのです。

跡見は狩野美智子さんの母校でもあり、戦時中でも割合おっとりしたところのある学校だったようです。

「夏の雲……」の公演のやり方は、その公演を企画してくださった地元の方の中から何人かの人を選びその人たちが朗読の一部を受け持ち、女優さんたちとともに舞台に立つ方式です。跡見でも高校生の何人かがともに朗読しました。とても好ましく思われ感心し、私は以来（毎年冬一月ごろですが）跡見に伺っています。ここは、とても熱心で、冬休みに入る前に私の本を全員に読ませ、（素晴らしい感想もいただいています）、そのあと私の「講演」になるのですが、「私のクラスはあなた方の年にみな死んでしまったのよ」というと、会場は静まり返り、皆、よく話を聞いてくださいます。私は高校生にも話すことがありますが、跡見が一番話しやすく、熱が入ってしまうのです。『一年西組』が版を重ね、今11刷りになっているのは、この跡見で中学二年生全員に読ませてくださっているのが大きいのではないかと思っています。

一方、「夏の雲……」の方も、毎年公演を続けていますが、これも必ず第一回が跡見なのです。毎年、十八人の女優の一人、大原ますみさんが日取りを知らせてくださり、私も万障繰り合わせ参加。こうして、毎年二回の跡見行きが十数年つづいたわけです。

　それが今年は六月二十八日だったのです。しかし、この日は女性「九条の会」の世話人会の日とぶつかり、この会にも私の骨折事故でご迷惑をかけており、この日はしばらくぶりで「役目」も持たされていたものですから、残念ながら、「夏の雲……」にはいけませんでした。今年で最後になるというときに、本当に残念でしたが……。

　大原さんは、十二年間、毎年電話をくださっていました。確か、始めは大原さんと山口果林さんのお二人からあったと思うのですが、ずっと連絡くださっていたのは、大原さんでした。この舞台の背景の映像に、私の第二県女の級友の写真が使われているから、というご縁で、毎年義理堅くお声をかけてくださった。その最後の跡見の公演に行けなかったのは本当に残念でした。

　この一週間後七月十三日、私の所属しているパルシステムという生協で、「原爆から74年、時代を越えて平和を語り継ぐ」という催しがあり『はだしのゲン』の映画を見、そのあと私が少しお話をしました。生協は全国組織が一緒になって、広島、長崎ツアーをし、わが生協もそれに参加します。その参加者の事前学習に私、毎年招かれているのですが、去年は「都合がつかない」と言って来ない人が多く、事前学習そのものが流れてしまったのです。もともとツアー参加者はそんなに多くない（全国の催しなので参加数の限りがあります）ので、小さな事前学習会では申し訳ないと、今年はオープン方式というか、ツアー参加者だけでなく一般組合員にも呼び掛けたというのです。そうしたら『はだしのゲン』の映画の企画が当たったのか、七十人も参加、しかも半数が小中学生だというのです。

私もたいへん張り切りました。私、中学生に話すのが好きですから。

天気が悪いのに七十人集まりました。小学生が多くて中学生は二年生が一人でしたが。原爆のリアルな描写に気持ち悪くなる子がいては、と生協のスタッフは心配していましたが、そんなこともなく、皆、よく集中して熱心に見ていました。その後も、子どもにもわかりやすく、原爆のことを知らない人にもわかりやすく、(中にはウラニウム爆弾とプルトニウム爆弾の違いもよく知らない人もいるようで) 話したつもりです。皆とても静かに聞いてくれました。

「どうして『はだしのゲン』の漫画が学校の図書室から取り除かれたりしたのでしょう」という質問が出ました。「子どもに見せるのは残酷だ、など言われたこともあったようです。でも、ゲンの話は本当にあったことなのですよ。ゲンは、小学生で、実際にこんなひどい経験をしたのです。それが戦争、原爆なのです」と私は言いました。

たくさんの人が感想を書いてくださいました。大人の人が書いたのが多かったのですが、とても真剣な感想が多かったです。原爆のことをよく知らず、ゲンの映画を見たのも初めて、ヒバクシャの話を聞いたのも初めてで、珍しい経験をしたなどというのもあり考えさせられました。

しかし、前回の手紙で報告した、私が会った熱心な大学生、彼も、最初のきっかけは小学生時代の『はだしのゲン』の映画だと言っていました。この日の子どもたちの心のどこかに、人類と共存できない凶器、核兵器について、記憶が残るだろうと思っています。

12

「ヒロシマがヒロシマでなくなる日」を回想する

二〇一九年八月

●再び関千枝子から中山士朗さまへ

体調崩されて入院されていたとは、全く知りませんでした。退院されたそうですが、お電話のお声はお元気そうでしたが、その後体調いかがですか？　とにかく気候がおかしく、暑く、時折豪雨、身体にいいわけありませんので、ご無理なさらないように。

というわけで今回は、本来、中山さんからの番ですが、一回休みということで、関の報告を続けます。

八月四日から広島に入りました。これは前から予定していたことで、すでに二月に宿はとっているのですが、その後、大腿骨骨折があり、少し緊張しました。杖とサイドカートと、二つを使っての歩行、大分うまくなってきて心配しませんでしたが、ホテルが心配でした。つまり入浴がうまくできるかということです。もちろんバスタブに入っての入浴はできません。バスタブに入り横たわってしまうと出られなくなるので。だからシャワーで体を洗い流すしかないのですが、設備が安直なホテルなのでバスタブの中に入らないとシャワーを使えません。うまく入れるかどうか心配でしたが、なんとか入ることが出来たのは、リハビリの成果が出たのだと思います。

三泊四日の旅で着替えが三日分いります。去年までは、途中でホテルの洗濯機で洗っていたのですが、洗濯物を洗濯機から出す時が大変で、低い位置の物をつかみだす道具（アイアンハンド）がいるのですが、これを持っていくには少し大きすぎる。やむなく、軽いリュックを買いました。また、靴下をはくのが大変で、これも道具がいるのです。元気なら不要なものが多く難儀しました。

こんな格好で四日の朝早く新幹線で広島着。まず、弁護士会館に向かいます。ここで、平岡敬・元広島市長にＴＢＳの金平茂紀さんが聞く「ヒロシマがヒロシマでなくなる日」という対談を聞きに行く、これが今回の広島旅行の最初です。

二時間余りのこの会をすべて書くというわけにもいきませんが、内容の濃い会でした。金平さんは「これは僕の取材、それをオープンにする」ということで、徹底的に聞き手に徹しておられました。私も知らないことばかりで、平岡さんが小学生の時、ソウル（当時の京城）におられ、京城中学に学んだこと、京城帝大予科の時、学徒動員され、敗戦を迎える。京城中学のころは学校に朝鮮人はおらず、ソウルにいながら朝鮮人の友はなく、大学予科の時朝鮮人の友と知り合った。敗戦後、旧制広島高校に入り早稲田大学へ。卒業後は中国新聞社記者になった。

中国新聞時代、在韓ヒバクシャに光を当てた記事を書いたのは有名ですが、朝鮮への郷愁もあり傲慢な日本人への怒りもあった。戦前の創氏改名、神社参拝の強制など、「朝鮮人を日本人にしてやる」と言った思い上がり。慰安婦、徴用工、ヒバクシャ問題にしても日本人の朝鮮人への差別感が根強くあり、村山談話、河野談話などで一応謝ったが、安倍首相は認めていない。

唯一の被爆国などと言いながら韓国人被爆者問題に知らん顔をしているのはおかしいと、中国新聞、中国放送の四人（平岡さんや秋信さんなど）が、社の仕事ではなく、自分たちの仕事として行なった。韓国へ行く経費など自弁だったという。

経費自弁に驚く聴衆に、「社の仕事でないからできたのですよ」と言われました。

ヒバクシャ団体も原水協も当時は韓国人被爆者問題には関心が薄く、「森滝一郎さんだけがカンパをくださった。確か五千円だったと思う」。

韓国も難しい時代で、政府は反共、韓国人の原爆観は、「日本に原爆が落とされ、戦争が終わってよかった、だった」。それが、「変わってきたのです！」と言う。

昭和天皇の記者会見での秋信さんの質問のことは、金平さんも関心が強く、裏話を大分披露されました。大体あの頃（一九七五年頃）、天皇の記者会見などなかった。それがアメリカの記者がやってしまったことから、日本人記者もということになった。たまたま地方記者として秋信さんが抽選に当たり出られることになった。その会見で戦争責任を訊かれた天皇が「文学方面は弱く、そんな言葉のアヤはよくわからん」という答弁が出ました。秋信記者がヒロシマの記者として千載一遇の機会と原爆をどう受け止めるか聞いたところ、「遺憾だが、戦争中だから仕方がない」と答えた。原爆に対する記者の質問は、歴史的にあれだけ。秋信さんは質問させてくれた日本記者クラブに感謝していると言ったそうです。

秋信さんは真摯な記者で営業に回されてからも胎内被曝・原爆小頭児問題などに自腹を切って取り組みました。

平岡さんは「私たちは課外活動と言っていた。あの頃は、全国紙の記者たちと一緒に勉強会もよくしたものですよ」と言っておられました。

平岡さんは中国放送の社長をし、市長になるのですが、最近の情勢について「アジアへの謝罪がない」ことを言っておられました。

結局、平岡さんの一番言いたいことは、

①原爆を落とした米国への責任追及。怒りを忘れるな。同時に、日本はアジアへの謝罪を忘れるな。アメリカの核の傘の下で核廃絶を言うのは偽善だ。

②和解のためには加害者の謝罪が必要（つまり米国の原爆投下への謝罪、同時に日本のアジアへの謝罪）

③核廃絶し、貧困や差別のない世界をつくること。

ということになるでしょうか。対談が終わっても皆さんなかなか帰らず、著書にサインを求める人の列が続いたのですが、私はかいくぐって平岡さんの所に行き、ごあいさつし、「怒りを忘れず、命ある限り中山さんとの往復書簡を書き続けます」と申し上げました。

この話だけで長くなりました。この日は荷物をホテルに預け、ＹＷＣＡに行きました。弁護士会館からホテルまで、なかなかタクシーがつかまらず、スマホを持っている人に、タクシーをよんでもらったのですが、これも時間がかかり、暑いし、立っているのが辛くなりました。今回の旅で身体的に苦しいと思ったのはこの時だけで、後は皆様の協力でラクさせて頂きました。

ホテルに荷物を置き、ＹＷＣＡへ。ＹＷＣＡはここ十数年夕張との交流を続け中学生二人と先生一人を広島に招いていますが、三、四年前から資金が尽きて招けなくなってしまいました、しかし、夕張の方が広島に自費で参加するようになりました。そして広島ＹＷＣＡもできるだけの接待をやっています。この日も夕張の方に手作りの夕食をごちそうし、ヒバクシャの体験談もありました。私も一緒に参加、とても勉強になりました。

五日朝はフィールドワーク、ＹＷＣＡの主催になってから六回目になります。

去年と同じコースですが、時間の制限もあり、最初の話でできるだけ、建物疎開作業で若い少年少女たちが死んだ（重い火傷を負った）ことを説明するのですが、若い方たちは建物疎開と言ってもぴんとこないので、なかなか骨が折れます。慰霊碑のところで説明するのですが、これをできるだけ簡単にしました。昨年までと変えたことは、私たちの学校の慰霊碑の説明を加えたことです、この慰霊碑は、町内会の敷地に作られたもので、作ることができたのも維持も町内会のおかげで成り立っています。町内会に直接関係ない第二県女と山中高女の碑が町内会の手で守られています。広島の慰霊碑は多いと思いますが、こんな慰霊碑はほかにはありません。大勢の犠牲者を出した雑魚場地区（今は国泰寺町）の町の人々の「心」を語りました。

終わってからYWCAの難波さんや関係者の方々と食事をしました。フィールドワークの責任者の難波さんは今年から広島YWCAの会長になられたそうで、忙しく、それにご自分も足が悪いのに、本当に面倒をかけました。この昼食で、前にお話したフランス在住の松島和子さんとご一緒できたのも幸いでした。松島さんは、昨年の取材のドキュメンタリーはまだ完成しないのですが、ちょうどいま鳥取のご実家に帰っておられます。上の娘が九歳になって広島を見せておきたいが……などいろいろ言っておられましたが、結局二人の娘さんをお母さまと夫に預け、広島に来てくださいました。彼女も元気でうれしかったです。

六日、七四回目の原爆忌、私は私の学校の慰霊碑に近いので、宿は東横インに決めてあるのですが、毎年行きなれた慰霊碑なのに、一つ道を間違えてしまいました（町自体がどんどん変わっているせいもありますが）。高齢化現象かと冷や汗をかきました。

慰霊祭には毎年来られる方が減っています。皆様お年なので心配なのですが……。でも、福山から平賀（水木）栄枝先生が元気な顔を見せられたのはうれしかったです。この方は戦前山中高女の先生、戦後第二県女の先生になられた方で、二つの慰霊碑の両方の先生をされた方などこの方しかおられません。すべての先生たちが鬼籍に入られた今、ただ一人の生き残り。その元気なお声！　八十代と言っても信じる方がいるくらい。でも先生九十八歳ですって！　私もがんばらなきゃあ。

慰霊祭に来てくれた堀池美帆さんと平和公園方面に向かいました。堀池さんは『往復書簡』第

Ⅲ集でも紹介しましたが、私の若い友人です。高校一年の時広島に来た彼女と知り合い、若い彼女が原爆のことに関心が深いのに驚き、友達になりました。彼女はその後も毎年広島に来ましたが、東日本大震災があるとボランティアで現地に行ったり、とにかく社会問題に熱心というか、近頃珍しい若者です。それが大学に入ると能のクラブに入って能に夢中になりました。原爆関係で彼女と知り合った人で、能などに詳しい人はいません。私は父が能好きだったため、子どもの時からこの世界のことに詳しく、一応の知識もあるものですから、彼女の能の修業にも付き合ってきました。とにかく彼女、入れ込むたちというか、関心を持つと、そのことに深く入ってゆく、一過性の趣味で終わらない人のようです、彼女も今年三月大学を卒業、ドキュメンタリー制作のプロダクションに勤めているので、今年は広島にも来れないだろうと思ったのですが、休暇をとって来てくれたのです。

彼女の話によると九月にポーランドで長崎原爆にちなむ多田富雄さん原作の新作能の公演があり、彼女はすでにその切符まで買っているのです。そしてその上演が観世流銕仙会の仕事で（彼女も大学で、観世会です）、その主演をなさる清水寛二さんが今広島に来ているのでぜひ会ってほしいというのです。

どうもこれは彼女の方では別の目論見があったらしく、彼女は多田富雄さんのこともあまり知らなかったようですが、私は、こんなポーランド公演のことなど全く知らなかったので、（マスコミでは全く報道されていない）とても面白く話を伺いました。

この公演はポーランドだけでなく、ウィーン、パリ、ワルシャワでやるのだそうです。公演は多田富雄さんの新作能「長崎の聖母」とオーストリアの人の作の「ヤコブの井戸」（これは新約聖書のヨハネの福音書からの話をもとにしています）。両方ともシテ、演出は清水さん。長年にわたり、欧州の人びととやりとりし、内容を練って来たもののようです。能というもの、囃子も、地謡もいり、かなりの人数が必要です。面も新たに作られたようで、お金も大変だと思います。多田さんは超一流の免疫学者ですが、能にも大変くわしく、原爆や慰安婦など多方面の現代の社会問題を新作能にされた方です。私も台本を読んだことはありますが、本物を見たことはありません。しかし、この二つの能が、今の世界の人々に「平和」について深く訴えるであろうことは間違いありません。

堀池さんがワルシャワの切符をすでに買っているのも驚きで、彼女が帰ってからの土産話も楽しみです。清水さんのような方の存在にも驚きました。大学の講師もされているようですが、プロの能楽師でもあるのです。

この日聞いたお話、まだまだ書きたいことありますが、もう行数一杯で、また今度にします。

七日、朝、昨年も話をした（『対話随想』参照）村上俊文さんの案内で、リニューアルなった資料館本館を見学しました、村上さんのこと昨年はよくわからなかったのですが、資料館のボランティア（案内人）でもあるのですね、本館は広いし、途中で座る所もないからと、車椅子に乗せてもらい、村上さんに押してもらいました。本館は以前に比べ実際の遺品が増えたり、ヒバクシャの絵を多用したり、わかりやすくなったと思います。蝋人形がなくなったことがよく言われますが、私たちが見たらあの人形ではきれいごととしか思えず、かえって良かったと思います。どんな展示をしてもあの地獄の模様は示せないのですが、苦心はされていると思います。足りないところは核兵器廃絶の闘いの歴史だろうと思いますが、これは行政の仕事としては無理でしょうね。

　これを見て後、皆さんとは一緒に食事をしたのですが、二年西組のクラスメートの甥と姪の方がおられるのにびっくり。この二人と初めて会ったのですが、忘れられない級友の身内です。そしてこの二人が互いに知りあいなのに驚きました。

　会には五、六十人みえたと思いますが、村上さんの問題提起に従い、ヒバクシャの貧困の問題や、子どもが戦争のために闘わされたことなどについて語りました。最後は、ヒバクシャにもいろいろな考えの方がおられるが、あの爆弾はもうごめんだ、人類と共存できない、ということだけはみな一致している。あの爆弾をなくすには核兵器廃絶条約しかない。その会議にも参加せず、署名もしない我が政府を許せないと申しました。

　この日このまま、駅に直行帰京しました。まだ書くことあるのですが、字数が多すぎるようです。次回に回します。

●中山士朗から関千枝子さまへ

このたびも休筆してしまい、申し訳ありませんでした。私たちの往復書簡は平成十二年から始まりましたが、その間、急病入院し、三度も関さんにご迷惑をかけてしまいました。

四度目のこのたびは、上行結腸がんからの大量出血による貧血を生じたもので、検査を受けて点滴、輸血するという事態になったものでした。ご心配かけて申し訳ありませんでした。

報告かたがた、自分の病気のことから書き始めてしまいましたが、関さんの前回からのお手紙を読みながら、大腿骨骨折の手術後のリハビリ生活がいかに苦痛を伴うものかを知りました。けれども、その苦痛を克服しながら、ご自分の生活を貫いておられる様子を拝見し、敬服しております。そして、その何分の一かの精神力が私にあればと思ったりしています。

また、お手紙によると狩野さんも大腿骨骨折で目下入院加療中と聞きましたが、これは単なる偶然ではなく、被爆の影響によるものではないでしょうか。関さんは広島で被爆、狩野さんは長崎で被爆されております。関さんの姉上様がいつか、「七十年経った今も、仇をなす」と語っておられた言葉が実感として迫ってきます。私自身のがんについても、また、被爆直後に、私を捜し歩いた母と姉が後年になって、大腸がんに罹ったことを思えば、私が現在がんに侵されていることに、何ら不思議はありません。被爆直後、火傷の治療を受けた医師から、「被爆者の骨は脆くなっていますから、転ばないように気をつけてください」と言われたことが、今、あらためて思い出されます。
先ごろ届いた、日本エッセイスト・クラブの会報を読んでいましたら、ある人の近況報告に、
腰痛と肺炎にかかった報告の後で、
老人は転ぶな、風邪ひくな
と、のたもうておられましたが、まさにその通りだと痛感した次第です。
雑談になってしまい、申し訳ありません。
本論の返事に入りますが、まずもって、関さんの行動範囲の広さ、そして、私の知らない世界で活躍している人々との文化交流の様子が伝えられていて、感銘を覚えました。特にポーランドで、長崎原爆にちなむ多田富雄さん原作の新作能が公演され、その折に、ウイーン、パリ、ワルシャワで今の世界の人々に「平和」について訴えるというお話は、能について無知な私にも、感動を与えます。
そして、お手紙の末尾に書かれている村上俊文さんのこと、食事会で二年西組の忘れられない二人のクラスメートの甥と姪の方に会われたというお話は、単なる縁というものを超えた、感動的な出会いを感じずにはいられませんでした。
順番が後先になってしまいましたが、弁護士会館でのお話について書いてみたいと思っています。
この八月四日に弁護士会館で開催された、平岡敬・元広島市長にＴＢＳの金平茂紀さんが聞く

「ヒロシマがヒロシマでなくなる日」という対談の内容が紹介されていましたが、身近に、感じたあの時代の熱っぽい空気が伝わってくるのを覚えました。

ＴＢＳの金平記者については、私たちの『対話随想』二〇一七年八月の「証言の夏、地獄で見た夏」で、関さんが書いておられることを思い出しました。それには、次のように語っておられました。

帰ってから、十九日、土曜日、ＴＢＳの報道特集で中国放送の秋信記者のことを取り上げていてびっくりしました。彼とは中山さんの番組「鶴」の取材のころ、初めてお会いしたのですが、その後、昭和天皇への原爆についての鋭い質問に感心していました。この番組では原爆による小頭児についての特集でしたが、この問題を最初に取り上げたのは、秋信さんだったのですね。驚きました。このことをしっかり取り上げ、この時期の原爆報道にされたＴＢＳの金平記者に感動しました。

とありました。

この文章の中に出てくる「鶴」は、一九八五年に中国放送が、被爆四十周年報道特別番組として制作されたものでした。これは、広島一中遺族会、広島一中同窓会、広島大学医学部の協力を得て、『星は見ている』（広島一中遺族会編）のなかから、十六人の遺族を選び、日本各地を訪ねるという番組内容でした。広島一中の「追憶の碑」には、建物疎開作業、そのほか学校防衛の任に当たっていて被爆死した、一年二八七名、三年五五名。そのほか九名の名前が刻まれています。「鶴」の制作が企画されたころ、TBSには、早稲田大学文学部露文科で一緒だった萩元晴彦君がプロデューサーとして在籍しており、私と秋信さんは連れだって挨拶に行ったことがあります。また、TBSでは、「鶴」の朗読を樫山文枝さんにお願いしていた関係もあって、録音室をお借りして、樫山さん、秋信さん、私の三人は採録のために長時間こもった思い出があります。このことは、『往復書簡』(第Ⅲ集)に詳しく書いていますが、秋信さんと一緒に出水市荒崎地区を訪れ、鶴がシベリアに帰って行く光景を撮影し、それを背景に樫山さんに朗読してもらったのです。

〈タイトル前のプロローグから〉

昭和二十年八月六日、広島市に原子爆弾が投下されて四十年の歳月が経った。
その日、私たちの前から不意に姿を消してしまった大勢の学友は、今どこにいるのだろうか。未だに子どもの死に場所も判明せず、遺骨の一片もない遺族は、今もあの日を生き続けているにちがいない。その当時、事実として伝えられ、伝えられた方も事実として受け止め、深くは確かめようとはしなかった。それが死者に対する礼儀のように思われた。しかし、四十年経った現在、その事実を深く確かめてゆくと、曖昧な部分が残る。その曖昧な部分を明確にすることが死者への供養になるのではないだろうか。

（出水に向かう車中）

鶴が舞う姿は美しい。しかし、その鳴き声は決して美しいものではなく、野性的な声の中に、一抹の哀切がこもっていた。あの日の死者たちは、忽然とこの地上から消えていった。儀式があり、人々が哀しむ中で別れを告げたのではなかった。醜く焼け爛れた手を虚空に差しのべ、水を求めながら、誰からも気づかれずに死んでいった幾千、幾万の執念の声を聞いたように思った。その声の中に、亡くなった同級生の声も混じっていた。

（大空に向かって鳴く鶴）

引用が重複しましたが、関さんのお手紙を読んでいるうちに、「鶴」制作中に中国放送を訪れた際、秋信さんに紹介されて平岡さん（当時・専務）にお目にかかった日のことを思い出し、その頃の熱気のようなものに触れたかったのかもしれません。

いみじくも、対談の内容が「ヒロシマがヒロシマでなくなる日」とあるのも、むべなるかなと思いました。平岡さんの〈原爆を落とした米国への責任追及、怒りを忘れるな、日本はアジアへの謝罪を忘れるな、アメリカの核の傘の下で核廃絶を言うのは偽善だ、和解のためには加害者の謝罪が必要、核廃絶し、貧困や差別のない世界を作ること〉の論旨は素晴らしい内容だと思いました。

アンネ・フランクの形見の薔薇をめぐって

二〇一九年九月

●関千枝子から中山士朗さまへ

お元気になられたようで、安心いたしました。とにかくこの夏の暑さ、天候不順、高齢者の体にはよくないようで、気をつけなければなりません。

この前は、台風15号の影響を心配してくださり電話を頂きましたのに、そっけない応対ですみませんでした。実はあの時、全国ニュースではよくわからなかったと思いますが、千葉の酷さがもうわかっていまして、ちょっと、カリカリしていました。とにかく、台風後十日以上たってもまだ停電だの断水など、尋常ではありません。

考えてみますと、あの原爆の後、停電は続きました。私のいた宇品など焼けてない地区で、電気が戻ったのは八月十日ごろだったと思います。しかし当時、電気は、照明以外は、ラジオ、アイロン、扇風機くらい、そんなものもない家が多かったかもしれません。今、電気がなければどういうことになるか。本当に生活は何一つできないですね。

それに、あの時の広島で驚くべきことは、水道が止まらなかったことです。私たち、これを当たり前のように思っていましたが、水道が止まると大変な事は、九月の枕崎台風の時わかりました（枕崎台風の後、宇品では水が引くまで、半日くらい水道が止まり、翠町の井戸のある家まで水を汲みに行ったことを覚えています）。宇品地区は井戸が掘れないところですから（埋立地ですから）、あの原爆の時水が止まったらどんなことになったか。水道関係の人びとの大変な苦労があったと聞きましたが、すごいことでした。

それからはるかに生活などの技術は進んでいるはずなのに、台風15号の被害の酷さ、対応の悪さ。とにかく千葉県や政府の動きがおそく、四、五日経ってから。政府は内閣改造でそれどころではなかったみたい。事態が伝わらない情報手段の途絶えもあったでしょうが。千葉だけでなく、東京都でも伊豆大島も酷かったのですが、安倍首相が動いたのはつい先日。ほんとに困ったものです。大島だの、千葉でも南の方（はずれ）は、無視されている感じがします。電柱が倒れても山の中だから気が付かないとは！

私、毎日新聞に入って最初に配属されたのが千葉支局でした。ですから、なじみのある地名も多く、本当に腹立たしいです。

ここまで書いてきて今日の新聞（九月二十三日）を見ましたら、屋根瓦が飛ぶ（雨漏りで家がびしょびしょになっても）、外壁が崩れガラスが割れても一部損傷ということなのだそうで、国の補助は出ないのだそうです。腹が立ってきました。国民の安全を叫び、軍備にものすごい金を使い、トランプにお世辞を使って、要りもしないトウモロコシを買う金を、こういうことの支援に使ってもらいたいのに！

なんだか予定していなかったことを書いてしまいました。

実は前回ブログで、スペースの関係で書けなかったことの補足を。

村上俊文さんの会で、参加者から思いがけない質問があったのです。それは、平和記念公園の中に、アンネ・フランクの形見の薔薇が咲いている。それを寄贈したのは京都府綾部の方ですが、それを仲介したのはヒバクシャという記事がある、このヒバクシャは、あなたの姉の黒川万千代さんではないか、という質問です。多分それは黒川のことだと思うと言い、姉がアンネ・フランクの研究に没頭し、あちこちに、アンネの薔薇を広げる運動をしていることを話しました。そうしたら、この方は植物に興味を持っておられる方らしく、ハマユウの話まで出てき、さまざまな新聞等のコピーまでいただきました。

ハマユウというのは、広島市比治山で被爆した尾島良平さんという元兵士が、焼け跡に緑の葉を出しているハマユウを発見、鎌倉の自宅に持ち帰り栽培。神奈川県の被団協のシンボルのようになっていたのですが、一九六九年広島市に寄贈。このハマユウを、一九八八年ロシア正教会一千年記念式典に招待された黒川が、広島市に頼み、三株分けてもらい、ロシアに贈ったのです。そんな昔の記録を読み、薔薇も黒川に違いないと思いました。

このごろ、ヒロシマの木と言えば沼田さんの青桐ばかりでハマユウのことなど言う人もなく、私もすっかり忘れていたのでびっくりしました。それで、いろいろ説明し、黒川が八年前に急性白血病で死んだことなども言うことになってしまいました。

この方、村上さんとは知り合いではなく、集会のチラシをどこかで見て参加されたようです。いろいろな方がいろいろな方面からヒロシマ、原爆に関わっておられることを知りました。

広島から帰ってからいろいろあったのですが、八月十一日に調布市に行ったことを報告いたします。調布市は「非核平和都市宣言」をしている都市で、今年はその三二回目を記念する集いです、この集いの実行委員に、画家の津田櫓冬さんがおられまして、これもずいぶん前、丸岡秀子さんを偲ぶ会をやりまして、会の中心の一人津田さんと知り合いました。彼は長く調布の市民だったのですが、今住まいは別のところに移されていますが、まだ調布で活躍中です。津田さんから連絡があり、今年は、私の講演を開きたいとお誘いがありました。この平和の集いは大掛かりで、パネル展示などもあり、講演の会場も広く、百人くらいは入れそうで緊張しました。一生懸命に話しましたが、皆様とても喜んでくださり、本もよく売れました。九月に入ってから連絡があったのですが、この日の報告を冊子になさるそうでとても喜んでいます。

私も骨折後、調布に行くのは初めてで、時間通り行けるかどうかかなり緊張して行ったのですが、とにかく、私も、元気を頂けた日でした。

八月一七日は、丸木美術館に行き、アーサー・ビナードさんの原爆紙芝居を見、アーサーさんのこの紙芝居にかける思いを聞きました。

アーサー・ビナードさんの紙芝居、なぜ？　と思ったのですが、彼が、紙芝居という日本独自の文化に以前から非常に興味を持っておられたことを知り、単なる思い付きで始められたのではないことがわかりました。彼はこの紙芝居を作るのに数年がかりで、すでに二度試作品を作り上げ、これが三作目であることを知り、まずこれに感動してしまいました。しかし、なぜ原爆の紙芝居に丸木さんの作品からなのか、そのあたりもっと詳しく知りたかったし、丸木美術館の学芸員岡村さんが質問してくださるというので、期待していたのですが、アーサー・ビナードさん、よくしゃべる方で、話し出すと止まらず、岡村さんの質問も二つくらいで時間が来てしまいました。私も少し質問があったのですが、十一月に、例の竹内さんの会で、ビナードさんを招き話を聞くので、行ってみようかと思います。

それにしても遠い、不便としかいいようのない丸木美術館まで（私は二時間半以上かかって行きました）大勢の参加者があったのには驚きました。予約を取り六〇人で締め切ったのですが、満員で、断られた方もあったようです。帰りのタクシーで（丸木美術館は駅まで遠くてとても歩けません）一緒に乗り合わせた方は神戸から来たとのこと、遠方から来た方は多かったようで、すごい人気ですね。驚きました。

このほかにも、とてもいいプランがあり、報告ができると思ったのですが、それはまだいろいろハードルがあり、報告に至りません。次回には何とかなると思います。

ここまで書いたところで調布から報告集のゲラや、さまざま資料などが届いたのですが、驚きました。調布には、広島一中、国泰寺高校関係者が多いそうです。今年も私の講演会とは別に八月一日から八日まで原爆展をやったらしいのですが、語り部四人のうち三人が国泰寺高校ゆかりの方だったそうです。こうした情報を教えてくださったのは調布市民でこれも中山さんと同期の丸本規雄さんで、丸本さんのことは覚えておられると思いますが。調布市の被団協の会長も国泰寺高校の九回生だそうです。なんだか縁があるのですね。あんまり驚いたので、付け加えました。

もうひとつ、千葉で問題になった一部損壊、今回は特例措置で国の援助があるそうです。災害の規模、激しさが変わっている今、国の規定等、見直すべきですね。

●中山士朗から関千枝子さまへ

その後、お身体の具合如何かと案じています。

離れた土地に住んでおりますと、お見舞いにも行けず申し訳ありません。最近では思いもかけぬことばかりが発生し、日々その対応に追われている有様です。

その一例が、温泉が出なくなったことです。関さんのお手紙に、浴槽に入れないのでシャワーを浴びておられる話がありましたが、その時、我が家の温泉で療養されてはどうかとふと思ったことでした。なぜならば、家を建てる時、女性の設計士の方が股関節を手術した妻のために浴室にも手すりをつける設計が施されていたからです。

ところが、その温泉が突然出なくなったのです。温泉は、地下二百メートルの温泉から汲み上げられて給湯タンクに貯蔵し、各家庭に配られる仕組みになっているのですが、それが突然不可能になったのです。パイプの一部が腐食しているということで、一回り太いパイプと交換して入れ替えたところ、源泉が消え失せていたのだそうです。最近、温泉の掘削が厳しくなりましたが、百メートル以内での再掘は許可されているのだそうです。けれども、その範囲内に源泉はなかったのです。

温泉のある終の棲家と思って、東京から移住して来た私ですが、自然の力の前には諦めるより仕方がないということなのでしょう。入浴は、身体を動かすことが不自由になった高齢者にとっては、唯一の心の安らぎを得る場所ではないでしょうか。私は、浴室の洗面台の前に椅子を置き、浴槽で身体を暖めては座ってシャワーを浴びるようにしております。しかし、若い頃、自分がそのような姿で入浴するようになろうとは、夢にも思ったことはありませんでした。

温泉が出なくなった原因は、近年、新しく豪華なホテルが建設され、また既存のホテルの屋上に、海が展望できる棚湯と称する露天風呂が開設されるなど、常時、多量の温泉が汲み上げられ、消費されるため、その付近一帯で温泉が出なくなったという話も聞いております、

このたびの台風15号による千葉県下の停電、断水の被害を思うと、温泉が出なくなったぐらい

で不平を言ってはいけないと思いました。

お手紙を読みながら、被爆直後の広島での電気、水道の状況を鮮明に思い出しました。停電が続いた暫くは、夜になると溶かした蝋石の中に布切れで繕った芯を浸して明かりとし、断水中は井戸水を組んで使用したことなぞが記憶によみがえってきました。

そして、関さんが毎日新聞社に入社された時、最初の赴任地が千葉だったというのも何かご縁があったのだろうと想像しました。

そのようなことを考えていた折しも、杵築市熊野に住んでおられる池尾照美さんという方から葉書が届き、末尾にご自分の近況が書き添えられていました。池尾さんについては、以前に『往復書簡』でご紹介したことがありますが、私が大分合同新聞社に書いたエッセイを読んで手紙をくださった人です。彼女は東京に在住の頃、私が住んでいた杉並区八成の同じ借家に住んでいたという人です。杵築に移住してこられ、「風の空間」という和食の店を開いておられました。

葉書には、
私も六月二十五日に左足かかとを骨折して三カ月余り、不自由な毎日でした。九月に入り、松葉杖を返上、そして一週間程毎にリハビリ杖も返上。まだうまくは歩けませんが、日常生活が戻りつつあります。

と書かれていました。

まさに「老人は転ぶな、風邪ひくな」というある人の言葉が、身に沁みて感じられる今日この頃です。

このたびのお手紙には、黒川万千代さんにまつわるアンネ・フランクの薔薇、広島の焼け跡に残った一株のハマユウの話は感動的でした。関さんにとって姉上に当たられる黒川万千代さんには、『原爆の碑』（一九七六年八月六日発行）という立派な著書があります。

その「はじめに」の中で黒川さんは、

慰霊碑――広島の心、と題して、

ヒロシマの原爆の慰霊塔は百以上もある。平和公園の有名な碑から、郊外の空地にひっそりと建てられた、忘れられた碑まで――その一つ一つに、残されたものの悲しみと憤りがこめられている。三十年たっても消えぬ心の痛みがこめられている。

ここ数年、原爆慰霊碑の写真を撮るために、仕事の合間を縫って、東京から広島へ通い続けた。多くの慰霊碑に、いつ行ってもきれいに掃き清められ、花が添えてあった。被災の地に建てられた慰霊碑で、その周りに関係者は、誰も住んでいないのに――。頼まれたわけでもないのに近所の人たちが毎日清掃し、花を捧げているのだった。「これが広島の心ですよ」と言葉少なに語って、そっと花を置く人たちだった。

と書かれています。

これを読んだ人たちは、広島平和公園のアンネ・フランクの薔薇、広島市からハマユウ三株をわけてもらい、一九八八年、ロシア正教会一千年記念式典に贈ったのは黒川さんを介してのことに他ならないことは、容易に察することができます。まさに、広島の心と言うべきでしょう。

そして、その手紙の続きには、沼田さんの青桐のことが書かれていましたが、頃を同じくして、一〇月一日の朝日新聞・第二大分版に、広島長崎の中間点である福岡県上毛町で平和を願って植樹の記念行事があったことが報告されていました。

新聞には、次のように奉じられていました。


被爆後も枯れずにいた両市の樹木の種や苗から育てたクロガネモチ、イチョウ、クスノキ等の「被爆樹木」が、町内の大池公園に植樹された。町と広島東南ロータリークラブ、長崎南ロータリークラブが協力し、「未来へつなぐ平和の架け橋事業」として準備を進めてきた。

被爆樹木の植樹は午前中にあった。公園内の池の東岸に設けた「広島の丘」と西岸に設けた「長崎の丘」に、坪根秀介町長、両ロータリークラブ代表、地元中高校生らが植えた。その後モニュメントを除幕した。

式典もあり、約三百人が出席した。坪根町長が「中間点の町として平和を発信する拠点となり、すべての町民が核兵器の廃絶と平和な世界の実現を誓う」と、平和宣言を読み上げた。

松井一実・広島市長と田上富久・長崎市長も出席。


記事には、「広島の丘」、「長崎の丘」で植樹する男女・中学生の写真が掲載されていました。

こうした記事を読みますと、残された日の少ない私たちには、次世代に平和が繋がれてゆく光景が浮かび上がってきます。

このたびのお手紙によって、関さんの絶えざる平和への思いと行動を知り、生きることの何かを教えられたような気がしております。そして調布の町の話、一中時代の友人の消息を知り、歳月を経ることの速さを覚えずにはいられません。

14

「老婆（爺）は一日にしてならず」

二〇一九年一〇月

●関千枝子から中山士朗さまへ

私、慌て者でとんでもない読み違いをしていたようです。中山さんのお宅の温泉が出なくなって、洗面台の前に椅子を置き、シャワーを浴びると書いておられたので、浴槽に入れず、シャワーだけかと思い、それでは風邪をひいてしまう、大変だと、深刻に心配してしまいました。浴槽にはふつうのお湯なら出て、浴槽で身体を暖めることはできるのですね、安心しました。もちろん、日常的に温泉に入るのが素敵だと思われ、別府住まいを考えられた中山さんにとっては残念でしょうが。

中山さんの方も思い違いがあるようです。私が浴槽に入れないのでシャワーを浴びているように思われているようですが、旅行先のホテルでは浴槽に入れないのでシャワーを浴びるしかないが、私の泊る安ホテルでは浴槽の外ではシャワーが使えず浴槽の中に入ってシャワーを浴びるしかない。浴槽に入れるかどうか心配だったのですが、うまくまたげて入れ、難関をクリアしたと申し上げたのです。

私は浴槽に入っています。大腿骨骨折後の状況では、普通の浴槽では、浴槽が深すぎては入れず、もし入れたとしても、出ることは困難です。これは「手すり」くらいではどうにもなりません。我が家の浴槽は、もう十年くらい前に、「高齢者用」の対策は全部してもらっていまして浴槽も手すりがつけてあります。しかし、大腿骨骨折の場合、手すりや浴槽外シャワーチェアーくらいではどうにもなりません。私の場合、ボード方式でやっています。

浴槽にボード（台）を置き、それに身体を乗せ、足をあげながら浴槽方面に移し、浴槽に入ります。浴槽に入れたらボードを外しボードとセットになっている小さな椅子（あらかじめ浴槽内に入れておきます）に腰かけ身体を暖めます。出るときまたボードを浴槽のふちにかけ、体を乗せ、足を持ち上げながら浴槽の外にでます。浴槽内の椅子など昔は考えたこともなかったのですが、浴槽に入り腰を下ろしてしまうと、浴槽の外に出られないのです。けがの前は想像もつかなかったことでした。旅行のときは、ボードや浴槽内椅子を持っていくことは不可能ですので、ホテルではシャワーということになったのです。

大腿骨骨折の説明など中山さんには関係ないことを長々と書いて申し訳ありません。今、順調に生活しています。歩行はまだ杖だけではパワーがたりないので杖とサイドカートと両方使っていますが、退院した頃より倍くらい早く歩けるようになりました。これでバス、電車、新幹線、すべてOKうまくいっています。靴下をはくときもそれ専用の器具があるのですが、それなしでもはけるようになりましたし、一番すごいのは、これは一生だめ、皮膚科医に切ってもらいなさいと生活治療士に言われた足の爪切りができるようになったことです。とにかく日々できることが増えるのはうれしく、介護ヘルパーさんに週一度来てもらっていますが、私のできないこと、浴槽の掃除、トイレの奥の方の掃除だけをしてもらっています。

私がしっかり外出しているのを危ながる人もいますが、外出してある程度歩く方が健康上もよろしいようです。私が大腿骨骨折したので家に閉じこもりきりになると心配していた人は、がっかりしている（？）ようですが。

これだけ元気になっているのは、手術してくださった先生のおかげで、よき先生にめぐりあえたことを感謝しています。

我が主治医・小松大悟先生は、三月一日私が転倒した時の晩、新宿メディカルセンターの救急センターの当直でした。この日私は友人の息子さんのピアノコンサートに行っていたのですが、もともとより転倒など思いもよらぬこと。会場に近いこの病院に救急車で担ぎ込まれたのですが、大腿骨骨折など夢にも思いませんでした。

即入院となり、翌朝小松先生が来られ、当直をしていた私があなたの手術をすることになった。手術は三月七日と言われました。その時、私はまだ事の重大さが判らず、三月八日に行くところがあるので手術を遅らせることはできないかと言い、先生を呆れさせてしまいました。でも、このおかげで〝元気な私〟に小松先生はふつうではやらない大きな人工関節をつけてくださいました。

私、この先生にめぐりあえて本当によかったと思っています。前屈ができないのは不便で、床の物を拾うこともできない、髪を洗うのに美容院方式の仰向けでなければだめ、大変です。歩くのも、今のようにはいかないと思います。

この先生、言いたい放題言われてとても面白い方です。術後、回診に来られて「元気ですか」、と聞かれるので、元気ですと、大いに元気を誇示しますと「あなたね、十年前だったら、あのくらい転んだところで大腿骨骨折はしませんよ」「それはつまり元気ぶってもババアはババアということですか?」「まあそういうこと」で大笑いです。八七歳はババアには違いないので、「老婆は一日にしてならず」なんて威張っていますが。

退院後の検診の時、レントゲン写真で、手術の個所を見ましたが、大きな人工関節でびっくりしました。ずいぶん立派ですねと感心。記念にとお願いして、レントゲン写真を頂いてしまいました。病院からの資料を読み返してみても、要するに大腿骨骨折の手術というのは痛みをとるためのもののようです。認知症でも、年取ってやる気が全くない人でも、痛みは感じるから何とかしなければなりません。しかし、これでは一人暮らしは無理、よほど家族の介護がいいか、それがだめなら、施設に行くしかないでしょう。

とにかく、一人暮らしでなんとかなり、これだけ活動できるのは、小松先生とめぐり合え、よい手術方法をとっていただいたためで、私は運が良かったと思います。退院後検診でも先生がまず言われるのは「元気?　ちゃんと仕事してる?」「してます、金が入らないから仕事と言えないかもしれないけど」「ボランティア?」「ボランティアではないけれど」「つまり活動しているわけですね？」ということで、先生がどのくらい私のやっていることの中身を察しておられるかわかりませんが、やる気があって「大ババア」になっても「活動」しようとする者には、できる限りのことをしてやろうというお気持ちなのだろうと思い感謝です。私に使われている人工関節と同じものを見せていただきましたが、大きくてびっくり。あれが私の体の中に入っていると思うと、うーん、です。

ごめんなさい、つまらないことばかり書いてしまいました。

九月二四日、辰濃和男文庫に行ってまいりました。朝日新聞のもと天声人語氏、辰濃さんが亡くなられてもう二年です。『往復書簡』でも辰濃さんのことについて思いを取り交わした。その部分の書簡が思いがけず本になった（『対話随想』）。その本を差し上げなければと思っていた今年二月、朝日新聞東京版で思いがけず、辰濃文庫のことを知ったのです。その記事で辰濃さんが亡くなられてから、辰濃さんの家は取り壊され、奥様は施設に入られた、そのとき、たくさんの書籍をどうするか困ったが、辰濃さんの友人の佐藤清さんの手で、東松山市（埼玉県）の古い蔵を改造した家に収納され、辰濃文庫となっていることを知ったのは前にも書きましたが、その後、佐藤清さんに電話し、もう少し暖かくなったら行きますと言っていた、その矢先、私が骨折してしまったのです。三カ月病院に塩漬けになり、退院して佐藤さんに連絡しなければと思ったのですが、取りおいていたはずの新聞の記事がどこに行ったかなかなか見当たらず、困ってしまい、結局図書館で二月の朝日新聞を探して、佐藤さんの電話番号を見つけ、連絡しました。

遅くなった訳を話し、お詫びし、八月に丸木美術館に行けたので、大丈夫行けそうです、といったのですが、東松山駅まで車で迎えに行ってあげるといわれます。お言葉に甘えることにしました。

車で十数分かかりました。森の中のようなところに、古い建物があり、「エコビレッジ東松山」という家です。自然の中でお茶を飲んだり食事をしたりという所らしく、食事を作られているのは佐藤夫人で、筋金入りベジタリアンです。

佐藤さんは建築家です。建築家でも障害者の建築などに興味を持つ、少々変わった建築家です。こんな方ですから辰濃さんと仲が良かったらしいです。

本好きの辰濃さんは、蔵書が二万冊にもなり家が傾くというか扉の開けたてが難しくなったので、佐藤さんが家を直してあげたのだそうです。

辰濃さんが亡くなられてまず困ったのが二万冊の本、そこで佐藤さんが思いついたのがこの「エコビレッジ」の主屋の傍に立っている蔵、これも本当に古いものですが、この蔵に少し手を入れて文庫にしようという案でした。

蔵の中に入ってみますと壁にぎっしりと書棚、本の山。佐藤さんが辰濃さんのご長男と相談し、適当に種分けして並べたけれども、ということでした。ここにあるのは一万冊くらい、まだ整理がつかなくて、蔵の屋根裏部分に置いてあるのもあり、ご長男が処分されたものもあり、ということでした。

とにかく辰濃さんは本をよく読んだ。自分で買ったものだけではなく人にもらったものもあるでしょうが、読まずにそのままということがない人だったようです。それに本を読むと筋をつけて読む人で……と佐藤さんが言っておられましたが、本当に本を開けて見ますと傍線をつけてあるところがいっぱいあります。精読されたと言う事でしょうね。

『広島第二県女二年西組』もありました！　第一版です。開けて見たら、筋がいっぱいあってうれしくなりました。この本は辰濃さんの「天声人語」に取り上げられ、それで大変よく売れたのですが、辰濃さんは傍線をひきながら、どの部分を、あの短いコラムに活かすか考えておられたのだと思うと胸が熱くなりました。

中山さんの『原爆亭折ふし』も見つけました。これがエッセイスト・クラブ賞の候補になった時、辰濃さんはもう「天声人語」を卒業、クラブの理事長で、賞の選考委員もされていたはずです。選考の時はクラブで買った本で読むので、筋はつけるはずはありません。きれいな本なので、選考が終わってから自分で買い求められたのかしら、と見ますと小さな付箋が貼ってある箇所を見つけました。それは「水」の部分でした。これが何を意味するのか私にはわかりかねますが。

辰濃さんの本は多種多様、間口が広いのですが、水上勉の本が多いのが目立ちました。辰濃さんと仲がよかったようです。本多勝一さんとか、朝日の記者の作品もたくさんありました。もちろん、辰濃さんらしく、自然に関する本もいっぱいありました。

そうそう、この日のいちばんの目的は『対話随想』の贈呈です。二冊持っていきました。辰濃さんのことを書いた個所には付箋をつけておきました。一冊は佐藤さんが辰濃夫人に差し上げてくださるそうで、もう一冊は多分辰濃文庫においてくださると思いますが。

とにかく蔵は風情がありますが、不便な森の中、人がそう来るわけではなさそうです。佐藤さんのお話では朝日の若い記者や割合近所に住んでいる日経の記者は来てくれたが、地域の方はあまり関心がないようで、と少し残念そうでした。東武東上線の東松山の先にある小川町の女性の図書館員が来て、図書館のニュースに書いてくださったそうです。小川町の図書館はなかなかユニークで、和紙の町らしい風情もあり、とても素敵な女性図書館員がおられました。あの方が来られたのかしら、など想像してしまいました。

数多くの人が来るということではなさそうで、少し残念ではあります。でも、かく言う私も、この後この文庫に二度と来る機会があるかどうか。何しろ我が家から三時間余りかかりますから。お腹がすいたので佐藤夫人手作りの食事を頂きました。本格的なベジタブル食、大変おいしかったです。でも、このエコビレッジも、そんなに多くの人が来るとは思えません。佐藤夫妻の「思い」の場のようで、その中に辰濃さんの本が生き残っているようです。

ここまで書いてテレビを見たら、金田正一の死を報じていました。かねやん、わが世代の英雄、寂しく思いながら、あれだけ元気、身体能力抜群、そして健康にもひどく気を使っていた人が死ぬ、私より若いくせに！　人にはやはり寿命というものがあるものかと思って、新聞を広げたら原ひろ子さんの死（十月七日）が報じられていました。女性学に詳しく御茶ノ水女子大のジェンダー研究所の所長もした方です。八十五歳、老衰。彼女こんなに若かったの！　老衰とは何！

私も中山さんも生かされているのかもしれません。八十八になり老衰せず、認知症にもならず。大事に一日一日生きないと、と思います。

ここまで書いて、後はまたゆるゆると思っていましたら台風19号のあの大被害です。次のブログでまた書くことになるかもしれません。

●中山士朗から関千枝子さまへ

はじめに、二つばかり報告事項があります。

最初は、私たちの『往復書簡』の朗読会が、この十一月一日から大分県立図書館で開かれるという知らせがありました。これまで、内田はつみさんが由布市で絵本の朗読をしている人を集めて、朗読会を開いておられましたが、このたび『往復書簡』第Ⅰ集の関さんの「まえがき」を内田さんが読み、そのあと順次、二時間かけて交代で朗読がなされるそうです。そして、次回からは県立図書館でということになったようです。

内田さんは作詞家でもあり、イベントの演出などもされています。出会いは、プランゲ文庫に、旧制広島一中の文芸誌に私の「風鈴」という随筆が載っていたことが発端ですが、朗読会で『往復書簡』を読むということは、戦争を知らない世代の人たちに、戦争とは何か、原爆とは何かを知ってもらうための勉強であり、また、大人としての教育でもあると内田さんは語っています。

次は、我が家の温泉が出なくなったことを報告いたしましたが、その後温泉組合の方から連絡があり、少しずらして温泉を採掘したところ温泉が出ることが判明したとの報告がありました。しかし、新しく採掘するに際しては、所轄の官庁への申請手続きに、利用者全員の賛成として、それぞれの印鑑証明、住民票、議事録を提出しなければならないとの連絡がありました。しかし、書類が受理されても、審査に時間がかかり、来年の三月になってようやく温泉が使えるとのことでした。この採掘には、一千万円ほどの費用が掛かるようですが、積立金の残額で処理できるとのことでした。温泉のある終の棲家で余生を送るという、私の夢がかなえられ、ひと安心しております。

このように民間の温泉利用が厳しくなる一方で、ホテルが一棟百五十五室の増設をして温泉を多量に使用するという現状に、何ら制限措置が取られていない矛盾を感じずにはおられません。のっけから変な話になってしまい申し訳ありません。

このたびのお手紙、「あまり長いので、少し縮めようと思っていますが……」という断り書きがありましたが、非常に楽しく読ませて頂きました。そして関さんの自由自在の文章に敬服しました。

ことに、主治医の小松大悟先生との術後のユーモラスな会話を中心に、私たち高齢者の入浴に苦労する様子や、辰濃文庫訪問の際の話は、その文章に吸い込まれ、さすが新聞記者だった人の文章だと感心いたしました。

殊に、辰濃さんが二万冊に及ぶ蔵書の多くに、筋を引いて読んでおられるという事実に、私は辰濃さんの誠実さを感ずるとともに、私のエッセイスト・クラブ賞の受賞式で、選考委員長として私の文章を褒めて下さったことが、思い出されてなりません。

関さんが私たちの往復書簡で辰濃さんのことについて思いを取り交わしたその部分が、思いがけず本になった『対話随想』を贈呈するために、不自由な身体を推して辰濃文庫を訪れられたことを知り、頭が下がる思いです。

そこで、私の『原爆亭折ふし』を発見され、「選考の時は、クラブで買った本で読むので傍線をひくはずはなく、きれいな本なので、選考が終わってから自分で買い求められたのかしら、と見ますと小さな付箋が貼ってある箇所を見つけました。それは「水」の部分でした。これが、何を意味するのか私にはわかりかねますが」と書いておられますので、私自身、あらためて「水」を読み直した次第です。

その終わりの部分で、

〈私の家では、夜寝る前に薬缶に水が一杯入っているかどうか確かめることにしている。いつなんどき不慮の事態が発生するかもしれない、という危惧の念からである。それというのも、私に原爆の被爆体験があるからかもしれない。水を一杯飲めば死んでも本望、とその直後に思った。死者のすべてが、最後に天に向かって水を求めた。その声が今も私の耳に残っていて、あの時、腹いっぱい水を飲ませてやりたかったと思う。

人間が死に臨んで訴えるのは水である。その貴重な水が、洗車のために惜しげもなく使用されている光景に出会うと、何となく気持ちがふさいでくる。ましてや、天然の水が缶や壜に詰められて販売される時代になってくると、人類の文化が進歩しているのか、それとも退歩しているのか、まったく分からなくなってくる。〉

と書いているのですが、この部分をご覧になったのではないでしょうか。ここまで書いてきた時、辰濃さんの温顔が偲ばれてきました。

話を元に戻します。最近『往復書簡』を読んだ人たちから、関さんを「行動する人」として賞賛する声が多くなったように感じております。

そして、最後に原ひろ子さんの訃報に、八十五歳、老衰とあったことに触れておられましたが、私もその記事を読みながら（最近では、新聞の訃報記事は必ず目を通し、亡くなった人の年齢、病名などを丹念に拾っております）、八十五歳の死は老衰なのかと思っていたところでした。

そして、関さんが小松先生との会話の後で、「老婆は一日にしてならず」とうそぶかれる場面を想起し、私も、「老爺は一日にしてならず」とうそぶいた次第であります。

それにしても、戦時中に中学生だった私たちは、人生二十年、お国のために、散ってこそ男子の本懐と教えられたものでした。けれども、私は、被爆しながら八十八の今日までよく生きたものだと思います。やがて十一月になりますが、すると私は八十九歳になり、ますます老爺として老けていかねばなりません。関さんの「八十八になり老衰せず、認知症にもならず。大事に一日一日生きなければと思います」の言葉通り、残された時間を大事に生きなければと思います。

本論にもどりますが、私たちの『往復書簡』も、二〇一二年から始めて七年になります。その間、四冊の本にまとめることができましたが、読者から筆者の生活の匂いが感じられないという声もありましたが、私たちはそれぞれの私生活を語ることなく、対話して参りました。

ところが、最近になってその後も交信をつづけておりますブログでは、関さんが大腿骨骨折で入院されたことをきっかけに、互いの日常生活に触れるようになり、互いをいっそう理解できるようになったのではないかと思っております。たまたま入浴時の難儀な話から始まったことなのですが、高齢化した被爆者の実態を伝えるものにもなったのではないかと思っております。

そして、最後に、四〇〇勝をはじめ、球界でのすべての記録をもつ故・金田正一さんについて書かれた文章に触れますと、改めて能楽をはじめとする、関さんの多様性の世界に触れたような気持ちでした。

フランシスコ教皇の広島・長崎

二〇一九年十一月

●関千枝子から中山士朗さまへ

この前、台風16号のことを書けなかったので、それを書きたいなど思っていたのですが、あの台風の悪夢が去らないうち、また21号台風関連の大雨で千葉、茨城、福島など広い地域で被害が大変です。ことに千葉はこれでもかこれでもかというような災害です。でも十月になっての激しすぎるほどの台風、大雨、私には地球温暖化がもたらす現象としか考えられません。

そんなことを考えていましたら八千草薫さんが亡くなったという報道、続いて緒方貞子さんの訃報、なんだか惜しい方がどんどん亡くなられて残念です。

でも、大分県立図書館の朗読会、よかったですね。私たちの『往復書簡』が朗読に耐えられるかどうか、面映ゆい気がしますが、原爆について、知ってもらい継承してもらうための一助になれば本当にうれしいことです。中山家のお風呂の温泉も春には復活できそうでよかったですね。この年になると、本当に身体を温めることの大切さがわかります。

実は私、このあたりでとてもいい報告ができると思っていたのです。「決まった」という返事がないので、あきらめながらイライラしていたのですが。でも来た「知らせ」は、ボツとなったということで、本当にがっかりしています。

実は八月の終わりに、某テレビ局の方（局の正社員でなく、製作ディレクター）から話があり、来年の夏、『二年西組』を再現ドラマにしたいということでした。それは、来年夏は大変。つまり夏は、どのメディアも戦争と平和のことを考えるチャンスで、原爆関係の番組もこの時期に放送されることが多いのですが、来年は七十五年という節目の年なのにもかかわらず、こうした番組が全部姿を消す恐れがある。それは、来年のこの時期はオリンピックで、八月九日など閉会式直前で、マラソンの時期です。メディアはオリンピック一色となり、原爆関連の番組など吹き飛んでしまう。テレビの心ある人々はみなそれを心配しているそうです。

彼女が言うには、この時期に大企画をぶつけてみたい。具体的にはオリンピックとパラリンピックの間に特番をぶつけたいというのです。そして、それに『二年西組』の再現ドラマを持ってきたいと。私はそれまでオリンピックが、原爆の日にちょうどぶつかるなど考えもせず、伺ってびっくりし、でも、とてもうれしく思ったのです。その女性ディレクターは大体の構成まで作っておられました。彼女は戦中物の「再現ドラマ」を作ったこともあり、女学校の二年生、まだあどけない（戦時中で、体も小さい）女学生たち。戦中の軍国少女ではありますが、箸が転げてもおかしい年ごろ。その様を描きながら原爆で全滅の悲劇。そしてそれが今に伝わっている（西組の少女たちの甥や姪、一人助かった同級生が戦後中学の教師になり、原爆を生徒たちに伝えた、彼女の教え子たちは今も先生を偲ぶ会をやっている)。

話は繋がっていきます、その中に原爆開発の実記録の映像も入ったら……。

私は企画がほとんど決まっていると錯覚し、彼女と局の方を前に、いろいろ意見を言ってしまったのです。その後、この企画が正式に決まったわけでなく、彼女の頭の中にあるだけということが判りました。そして、私の言い方が少しまずかったのではないか、など思いましたが、でも、企画の通ることを願い、「再現ドラマ」をどうすれば安く、しかも事実にできるだけ近く作れるか、その方法を考えておりました。

そのうち、予想もしなかった『二年西組』関連の嬉しい出来事が入ってきます。本当に今年、不思議なのですが。以前、劇団大阪の熊本一さんが、彼の指導するシニア劇団で、『二年西組』の朗読劇を意欲的に上演してくださっている話をお伝えしましたが、そうした劇団の一つの方からお手紙が来、十一月三日にある市の平和関係の催しで上演することになったとお知らせがあったのですが、なんとこの公演の中心になっている女性、とても熱心で、一人で広島に行き、関係する建物や登場する地を訪ねたのだそうです。何しろ広島は、昔とすっかり変わっていますので、なかなか場所が判らなかったり苦労されたようです。私、今度、あなたを案内しますよ、などと手紙を書いたのですが、もし、こんな「ご案内」が実現すれば、それも、再現ドラマの一節になるのではないか、など考えました。

オリンピックと重なる怖さもわかってきました。この間、ラグビー人気が盛り上がる現象があったのですが、あの熱狂怖くなりませんか。私、スポーツ大好き人間であり、ラグビーはとても面白いスポーツだと思っています。しかし、日本ではラグビーはそれほどの人気スポーツではなかった。しかし、にわかファンが、日に日に増え、熱狂をもたらした。悪いとは言いません。しかし、あのラグビーの間、多くの方は現実の世のことを忘れ、ラグビー一色になってしまった。

とにかく熱狂しやすい国民性です。これがオリンピックになったらどうなるか。七十五年・節目の年なのに原爆のことなど吹っ飛んでしまうのではないか、ニュースの中のひとこま、いやもしかしたらニュース番組さえ吹っ飛んでしまうのではないか、という心配です。ラグビーのあと、世界陸上があったのですが、中継権を取ったTBSは夜のメインニュースも人気の「サンデーモーニング」も吹っ飛ばしてしまいました。あの、報道のTBSといわれたところが、ですよ！

そんな状況に、オリンピックとパラリンピックの中間の時期に、素晴らしい原爆企画を立ててくださった、このディレクターは立派だと思いました。

しかし、その後彼女から局の決定について何も言って来ません。催促しますと十月末になるという話。そのうち十一月になってしまい、だめかとあきらめながら、一縷の希望を持っていたのですが、ようやく来たお返事は、企画は却下されたという事でした。

原爆、核廃絶など「危険な」番組だからか、と思ったのですが、彼女のお話ではもっと恐ろしいことでした。

原爆の話だからダメというのではない。あの企画は報道を通ったのだから。しかし編成で却下された。それは金の問題だと彼女は言うのです。

今、日本の経済はリーマンショックの時より悪い、スポンサーも渋い。とても危ない状態。あの企画は金がかかる。ドラマは、金がかかるというのは皆が承知の事実、よほど視聴率よく安定したドラマでないとなかなか難しい。再現ドラマはその中でも金がかかる。特に戦争中の再現ドラマは金がかかる。

「結局テレビは金がかからないバラエティのような番組ばかりになってしまうだろう」と彼女も悔しそうでしたが、こればかりはどうしようもない。例えば、彼女自身が全財産はたいて作ろうとしたところで、そんな金では到底できない。

「ＮＨＫでしか、こったドラマはできない時代が来るかも」と、なんとも怖いような残念な話でした。

私も本当に残念ですが、これこそ何ともなりません。「大きな夢」がつぶれました。

そんなとき、去年も行った川崎市中原区の「平和を願う原爆展」の方から緊急の依頼が来ました。この平和展は一週間もやっており、その中でヒバクシャの話を聞くコーナーがあるのです。

私はこの原爆展に昨年参加しているのですが、今年話をする被爆者の方が急に身内の方が亡くなり、長崎に帰ってしまわれた。とにかく急なことで、間に合わない、あなたピンチヒッターをやってくれと。

この日、十七日の日曜日、ちょうどあいているのですね。私、飛んでいきました。

会場は武蔵小杉です。昔の感じではとても遠いのですが、今横須賀線で鎌倉逗子方面行に乗りますと品川から二つ目であっという間に武蔵小杉なのです。昔の横須賀線の感じですとどうしてここに武蔵小杉か、全くぴんと来ませんが。

今年の展示は、近頃有名になった、広島市立基町高校の生徒が描いた原爆の絵の展示です。私も何枚かの実物は見ていますが、こんなに多くの原画を見るのは初めてで、戦争を知らない若い高校生がここまで描けたことに感心しました。

夏にヒロシマに行き学習した小学校六年生の広島原爆についての報告（大きな紙に手書きで）なかなかしっかり書けていまして、若い人やるな！

若い力を感じながら、私も一生懸命に語りました。前に紹介したアーサー・ビナードさんの紙芝居も演じられました。

もう一つこの原爆展の実行委員会は女性ばかりです。展示を貼ったりするの、力仕事で大変でしょうが、頑張っておられます。頼もしいです。

そこへ、フランシスコ教皇の来日。明快な言葉で、核兵器廃絶を語り、「核抑止論」もはっきり否定、感動しました。安倍首相も教皇に会ったのですが、相変わらず核を持つ国との「橋渡し役」とか、従来の態度を変えず、本当に腹が立ちました。

●中山士朗から関千枝子さまへ

このたびのお手紙を頂いてから、急激に、さまざまな社会現象がありました。とりわけ、十一月二十四日、ローマ・カトリック教会のフランシスコ教皇が、被爆地の長崎と広島を相次いで訪問し、演説、核廃絶を訴えたことは、印象に残る出来事でした。

長崎では、「核兵器のない世界を実現することは可能であり、必要不可欠であると確信している」と強調。広島では「真の平和は非武装の平和以外ありえない」として、核兵器を含む大量破壊兵器の保有や防止も否定、被爆地訪問は自らの義務と感じていたと述べました。

教皇として故ヨハネ・パウロ二世以来、三十八年ぶり史上二度目の被爆地訪問でした。長崎について「ここは核攻撃が人道上も環境上も破滅的な結末をもたらすことの証人である街だ」と指摘しました。また広島の平和記念講堂の集いでは、戦争のための原子力利用は、「犯罪以外の何ものでもなく倫理に反する」と強調。最新鋭の兵器を製造したり核の脅威を使って他国を恫喝したりしながら「どうして平和について話すことができるのか」と述べ、世界各国の指導者に核廃絶に向けた具体的な行動を迫りました。更に原爆と核実験、あらゆる戦争の犠牲者の名により「戦争はもういらない」と叫ぶように呼びかけた、と新聞は報じていました。

教皇はさらに、二つの演説で、核軍縮をめぐり停滞する国際社会の動きに対し、深い懸念を表明しました。

長崎では「兵器使用を制限する国際的な枠組が崩壊する危険がある」「多国主義の衰退を目の当たりにしている」などと指摘。日本政府が署名していない「核兵器禁止条約」にも言及し、教会として「核軍縮と核不拡散に向け、迅速に行動し訴えていく」、と日本政府に行動を促していくと決意を述べました。

広島での演説では、核廃絶に向けた行動がなければ、「次の世代の人びとが私たちの失態を裁く裁判官として立ち上がるでしょう」とも警告しました。そして、「世界は相互に結ばれており、共通の未来のために、それぞれが排他的利益を後回しにすることが求められている」とも述べていました。

この教皇のスピーチを読みながら、私は関さんがこれまで貫いてこられた言葉を思い出しました。

本書（一〇五頁）の手紙には、広島での平岡敬さんの講演の内容が記されていました。

それは、

①　原爆を落とした米国への責任追及、怒りを忘れるな。同時に、日本のアジアへの謝罪を忘れるな。アメリカの核の傘の下で核廃絶を言うのは偽善だ。

②　和解のために加害者の謝罪が必要（つまり米国の原爆投下への謝罪、同時に日本のアジアへの謝罪）

③　核廃絶し、貧困や差別のない世界をつくること。

この趣旨に賛同された、関さんの気持ちが伝えられた文章は、私に強い印象となって今も残っています。とりわけ、広島での資料館本館を見学された後の談話に、「どんな展示をしてもあの地獄の模様は示せないのですが、苦心はされていると思います。足りないところは、核兵器廃絶の闘いの歴史だろうと思いますが、これは行政の仕事としては無理でしょうね」と発言された後、次のような言葉で結んでおられます。

「ヒバクシャにもいろいろな考え方の方がおられますが、あの爆弾はもうごめんだ。人類と共存できない、ということだけはみな一致している。あの爆弾をなくすには核器禁止条約しかない。その会議に参加せず、署名もしない政府を許せない」

そして、私たちの『往復書簡』第Ⅲ集の82では、

「二〇一六年夏の広島、やるべきことはやり、充実した五日間でした。しかし、広島に対しては、腹立たしいものを感じました。今年の広島はたしかに人が多かった。オバマ効果ですか。外国人の数も多く、子ども連れが目立ちました。オバマ効果で子どもたちにも広島への関心をよんでいるとしたら、これは確かにいいことでしょう。しかし、広島市は原爆商売都市になってはいけません。観光地ではなく、核廃絶恒久平和のために、闘い抜く都市であってほしいのです。これでは私、本当に安らかに眠れません」と書いておられます。

まさに、フランシスコ教皇が広島に寄せられたメッセージの趣旨と一致するものだと思いました。

16

「安保法制違憲訴訟・女の会」裁判の尋問

二〇二〇年一月

●関千枝子から中山士朗さまへ

この項、昨年（二〇一九年）暮れに書きあげていまして、それを送ろうと思っていたのですが、年が明けてみると新しいことを書いてみたくなり、最初の部分を書きかえました。

私のところでは、毎年正月子どもたちに集まってもらい、私の作った正月料理を食べてもらう習慣です。我が子どもたち皆いま働き盛りで忙しいし、年一回だけの親子宴会なのですが、今年は私体力が持たないと思い、取りやめることにしました。料理がうまいわけでもないのですが、出来合いの味が嫌いです。例年通りのことをやっていたらとても体が持たない、それに家の片付けもできていませんし、思い切って今年は取りやめを宣言しました。これは成功したようです。

料理の数量を減らし、掃除も気にしないだけで、うんと体が楽になりました。大晦日も余裕たっぷりです。精神的にもイライラしないせいか、このところ一か月ばかり「じんま疹」に悩まされていたのですが、それも解消できそうです。大晦日や、正月のテレビも楽しめましたが、その話はまた次にして。

いろいろな方にお世話になったので年賀状だけは出しましたが、多くの方に書いたのは二〇二〇年の八月の不安です。オリンピックが八・六、八・九に重なること気が付いていない人が多く、オリンピックに浮かれて、敗戦・被爆七十五年であることも分からなくなるような状況になったら大変心配と、くどくどと書きました。

実は私、十二月十三日にとても大変な大役があってそれがすむまで落ち着かなかったのです。この日は、「安保法制違憲訴訟・女の会」の裁判で、証人、原告の「尋問」が行われる日で、私も原告十人の中に入りましたので、責任を感じておりました。「尋問」というのは裁判用語で、意見を書いてくださった証人や陳述書を提出している原告（もちろんその中から選ばれた数人）に法廷で、弁護士との間の一問一答方式で、言いたいことを述べる、単に陳述書を読むより迫力あるものになります。

それが嫌なのか面倒なのか、裁判官は嫌いがち。「必要ない」と受け付けない人が多いのですが、この女の会の裁判では、裁判官が原告の意見を聞く姿勢を見せ、二日にわたって「尋問」のスケジュールを認め、私たちも張り切っていたのです。ところが、十月十八日の法廷へ行ってみたら、裁判官が変わっているではありませんか。弁護士のところにも通知がなく、弁護士たちもびっくり！

こんな失礼なやり方は、普通は考えられない。新裁判官のことをどんな人か調べてみたら、最高裁の事務職とか。「事務職」のベテランのようですが実際の裁判はあまりしたことがない人のようです。何だか妙です。この頃の司法の姿勢は怒ることばかりですが、仕方ないので新裁判長と話し合い、従来通りの尋問を認めさせたのです。

十三日は証人の尋問と原告四人の尋問、私が最後の四人目、時間が二十分しかありません。十月十八日から十二月十三日まで私たち原告と尋問担当の弁護士との間で「予行練習」が始まりました。皆言いたいことは山のようにあるが、全部は言えない（時間が足りない）何をどういうふうに言うかです。

私の場合、「戦前を知る者」として「少国民」に仕立てあげられた戦前の学校や社会の様子を詳しく書くべきかと考えましたが、もっと原爆のことを書いてほしいという意見が出ました。実際に被爆者の方も何人か原告におられるのですが、尋問に選ばれた被爆者は私一人、やはり原爆のことは言わなければなりません。

尋問の組み立ては被爆したことから始めました。その時の様子（私の体験）から始まり、作業地で被爆した友人の様子。仲の良かった友の家に行ったのに何もできず逃げ帰り、その後彼女の家に行けなかったことの悔恨を語り、何年経っても原爆への怒り、苦痛（生存者としての辛さ、休んで助かったことの罪悪感も含めて）は癒えないこと、もし癒える日があれば、それは核兵器がなくなる日であることを話し、ヒバクシャの思いは核兵器の廃絶。核兵器禁止条約に対する日本政府（安倍氏）への怒りを強調しました。そして、『二年西組』を書いた話から、建物疎開作業で死んだ少年少女たちが「軍国少国民」として死んでいったものが多いという話をし、いかに私たちが「少国民に仕立て上げられたか」を語りました。

若い方がご存知ないこと、それはあの一九三〇年代、「平和」という言葉が大いに言われ、私たちは東洋平和（世界平和）のためにやむなく戦争をしている。聖戦だから勝たなければいけないと思ったことも語りました。それは安倍さんの言う「積極的平和」のウソに通じることであるのですが。

安倍さんは、安保関連法が「戦争法」と言われるのを嫌って、「国際平和支援法」とか、平和という言葉を入れ、もっともらしい名付けをしていますが、そんな「平和」がいかにあてにならないかを強調しました。その証拠に、私たちが子どものころ愛唱した歌で「東洋平和のためならば」という言葉があること、愛国行進曲（この「みよ東海の空あけて」を忘れている人いませんね）にも「正しき平和打ち立てん」とあること。そしてなんと、あの一九四一年十二月八日、米英等との開戦の詔勅にも平和という字が六ヶ所もあることを言いました。この話には傍聴の人びとも驚かれたようです。

私自身、この「尋問」のため調べてみて驚いたのですが、「東洋平和のためならば」という歌、調子が良くて私ははっきり覚えているのですが、曲の名前も全体の歌詞もメロディも全く覚えていなかった。それが今度きちんと調べてみて、なんと「満州行進曲」という名前で私の生まれた一九三二年に作られた歌、しかも作曲者が堀内敬三さんなのです。これには驚きました。堀内さんと言えば戦後も華々しく「話の泉」などで大人気、「音楽之友社」を作られたのも堀内さんですね、いいイメージしかありません。それがこんなに早く、満州国成立の年に、国策イメージの曲を作っていたとは！　しかも、ご本人が、レコード店を使って宣伝した最初の曲、などと言っているのです。

確かに、あの頃、街のレコード屋でガンガン曲を流している風景がありましたが。そうして子どもまで東洋平和のためならば、と歌っていたのですね。この「東洋平和のためならば」の曲に関しては私くらいの方から「自分も歌っていた」と思い出を語ってくださる方、たくさん知っています。

実はこの歌のこと調べているうち、「開戦の詔勅」が見つかり六ヶ所も「平和」という言葉があるのに驚いたのです。あの「勅語」に関しては、開戦後、八の日が「大詔奉戴日」となり、いやというほど聞かされたのに、覚えている人は少ないのではないでしょうか。私も、教育勅語は腹立たしいことに、まだほとんどソラで言えるのに、開戦の勅語については全く覚えていません。敗戦の勅語は「堪え難きを耐え忍び難きを忍び」の有名な言葉がありあそこだけは言えますが。逆にそうなると教育勅語がなぜ皆の頭に沁みこんでいるかという疑問に突き当たりますが……。

ともかく私は開戦の勅語に平和という文字がたくさん入っていることを発見、驚きました。つまり天皇は自分は全く戦争はしたくない。世界の平和を願っているのに、シナが言うことを聞かず、米英等が言うことを聞かないのでやむを得ず戦争をするのだ。戦争は自分の志ではない、ということをくどくど言っているのです。とにかく、太平洋戦争開戦のころまでは「平和」という言葉がまだまだ飛びかっていた。戦争の様子がおかしくなっていくなか、歌もまるでケンカのようなものすごいものになって行く。「平和」という言葉も消し飛んでいったのでしょうね。

（注）満州事変からシナ事変……長くつづいた中国との戦争で「東洋平和のためならば」ということばが浸透していったこと、その最初が堀内敬三氏作曲の「満州行進曲」なのは事実だが、もう一つ国民によく歌われた「東洋平和のためならば」のあったことを知った。なんとそれは古関裕而の「露営の歌」なのである。古関を戦時歌謡の第一人者にした「露営の歌」。私も腹立たしいことに、この曲の一番、二番は今でもソラで完璧に歌えるのだが、なんと、この曲、五番まであって、五番の締めが「東洋平和のためならばなんで命が惜しかろう」なのである。どうも私がわけがわからず歌いまくっていた〝東洋平和のためならば……〟はこの露営の歌で、この歌の大ヒットとともに、日本中に広まっていったらしい。

こんなことを資料で示し、最後はヒバクシャの思い、同盟国の核の傘の下に身を置き、核の傘を認めるのは、核兵器廃絶に背を向けることで断じて許せないという言葉で締めました。

しかしこれだけのことを二十分で言うのは大変で、言葉を選び思い切って削り簡略にしました。これを全部丸暗記すれば問題ないのですが、俳優ではない私、丸暗記は下手。それから詰まって言い直しなどしていると時間を食ってしまいます。結局言わなければならないこと、質問の順序をよく頭に入れておき、そこで何を言うか。しっかり頭に入れました。予行演習も二、三度したのですが、かなり緊張しました。

おまけに私、このところ夜の頻尿に悩まされ、薬を飲んでいますが、薬のため口が乾き声が出なくなるのです。水を飲んでもすぐ乾くので仕方なく飴をなめるのですが、これをどの時間でなめ始めるか、いろいろ気を使います。ともかく、無事に終了し（ほかの皆さんもとても素晴らしかった）、ほっとしました。

前に書いたヨーロッパで能の会、多田富雄さんの長崎のマリア像の能の上演などもあったのですが、これのワルシャワ公演を見た、堀池美帆さんが講演の様子をまとめたビデオを送ってくれ、様子が分かりました。

実はこの話、講演の話というより堀池さんのことを書きたかったのです。彼女のこと、前にも書きましたので覚えておられると思いますが、もう七、八年前彼女が高校に入ったばかりの時に広島に来て知り合いました。大学生たちの中に混じって高校に入ったばかりの彼女が原爆のことに関心持っているのに驚いたのですが、会った翌日、偶然、平和資料館の前で、外国人を捕まえ、感想を聞いている彼女にまた驚きました。それから彼女と友達となり、彼女も毎年広島に来てくださったのですが、東日本大震災の時はボランティアで、現地に手伝いに行く。学校の外国との交流行事でイギリスに行ったときはイギリスの人にヒロシマを語り、千羽鶴を折ってもらう。社会問題に関心深く、そして行動的でいいと思えばすぐやる、今時の若い子でこんな人はいないとどこでも評判だったのですが。

大学に入ると能楽に興味を持ったことも前にお伝えしましたが、観世流の同好会があって、仕舞いや謡いを習うのですが、彼女、能にはまり込んでしまいました。ヒロシマ関係で彼女と知り合った人で能のことなどに詳しい人はいませんので、私が彼女の能への関心を引き受けることになりました。彼女の能への打ち込み方は尋常ではなく、大学の卒業を一年遅らせたのには私もびっくりしました。

そして昨年。幾らなんでもこれ以上大学に居られない。私は彼女がビデオ作りなども結構うまいので（彼女のお父さんはそちらの方の仕事というか、プロダクションの人です）、ひとまず映像の世界に行って、そちらの方で力をつけるよう勧めました。能楽の方で仕事を見つけるというのは、ほとんど不可能でしょうから。彼女もその気で、NHKを受けたのですが、ダメで、映像制作のプロダクションに入りました。今年の四月に入社したのですが、まだ下働きでそう忙しくないようで、八月にはヒロシマに来てくれました。そして、九月に観世流の銕仙会が、ヨーロッパ公演をする、その中に多田富雄さん原作の「長崎のマリア」も上演される、というのです。

そしてヨーロッパ公演の中心で、講演ではシテ役をやる清水寛二先生がちょうどいま広島におられるからと私に引き合わせてくださったのです。彼女は同じ観世流でも銕仙会ではなく彼女自身清水先生と会うのは初めてらしいのですが（このあたり強引というか、彼女らしいのですが）。公演はパリ、ジュネーブ、ワルシャワで彼女はワルシャワの切符をすでに購入しているというのでびっくりしました。

いくらプロダクションとはいえ、新入社員がそう休みをとれるのか、心配して聞くと、会社との交渉はこれからと言います。驚きましたが、清水先生は立派な方で、非常に参考になるいいお話を伺えよかったです。

それで堀池さんですがその後もどうなったか心配していたのですが、会社は能の外国公演などあまり興味はなく、そんなに休みを取られても困る、ワルシャワ行きはよせというので会社を辞めちゃった、というのです。とにかく気が大きいというか、私ならせっかく見つけた会社辞められないと思うけど。でも彼女平気で、ワルシャワに行ってよかった、清水先生のおかげで、能の公演だけでなく舞台裏も写させてもらいとてもよかったと言います。暫くお父さんの会社でバイトをし、その後はある日本料理の店の「給仕」というのでまた驚いたのですが、普通の料理屋でなく、その道を究めた人で、予約の客だけ受け入れる、客も外国人が多いのでその説明もあり普通の「給仕」ではだめなのですね。堀池さんは、英語は相当うまいし（普通の会話は困らない）うってつけのようです。この店のこともインターネットで知り、この「料理人」の本を読み、こならいけると思ったそうです。

それから大分時がたち、どうなったかと思っていたら彼女からビデオが送られてきました。鋏仙会の公演報告に使われたもので、二十一分に要領よくまとめられていました。ワルシャワの公演場になった昔の王宮の美しさに感心し、能とよくマッチするのに驚きました。

能は「長崎のマリア」だけでなくほかの新作能も入るのですが、間狂言に向こうの方が向こうの言葉で語ったり、趣向をこらした演出があって面白かったです。また観客の方の感想もとっていましたが、好意的な感想が多かったです。原爆で汚れたマリア像の顔、新しく面を作ったのですが（今も能面を作りつづけている人いるのですね）いい面で、ポーランドもカトリックの方が多いし、原爆の恐ろしさも平和のこともよく理解されたようでした。

ビデオに同封された手紙には、新しい職場は面白く、いろいろなことを教わり刺激的だとありました。楽しく働いているようで安心しました。堀池さんに今度お会いするのが楽しみです。

まだ報告すべきことあるのですが、いかになんでも長すぎるので次回に回します。

●中山士朗から関千枝子さまへ

昨年の十二月十三日の「安保法制違憲訴訟・女の会」の裁判での証人、原告の「尋問」の個所を読みながら、もっとも悪い時代に生まれた我々の世代、しかも戦争を知る最後の私たちが切実に後世に伝えようとする意思を強く感じました。そして、広島で偶然に知り合われた堀池美帆さんのその後の動向を知るにつけ、お二人の「生命」を生き尽くす、燃焼力に触れた思いがしました。

お手紙にありましたように、敗戦・被爆七十五年にあたる今年は、東京オリンピック開催一色に彩られ、戦争がもたらした悲惨な状況は語られることはないと思われます。

昨年、来日したフランシスコ・ローマ教皇は被爆地の長崎、広島を訪れ、「核兵器のない世界の実現」を訴えました。しかし、安倍首相は、教皇と会談後のスピーチで、「日本は唯一の戦争被爆国として、核兵器のない世界の実現に向け国際社会を主導する使命を持っている」と強調。「核保有国と非核保有国との橋渡しに努め、双方の協力を得ながら対話を促す」と訴えましたが、国連で採択された核兵器禁止条約は「安全保障の現実を踏まえずに作成された」として、条約参加の意思を示しませんでした。

そのようなことを考えておりました時、大分合同新聞の夕刊のコラム「灯」に、私が住んでおります六郷満山には、千三百年前に開山した両子寺の鐘があり、平和の鐘として発願されたという記事が掲載されていました。

この鐘は戦時中に軍需供出され、戦後一九四八年（昭和二十三年）に再鋳造されたものでした。これは、執筆者である両子寺法嗣・寺田豪淳さんによると、祖父・豪延さんが終戦後広島を歩きその悲惨な体験から平和の鐘として発願したと語っていました。七十数年前にその鐘に刻銘された百七十名に上る方々は一人を残して他界されたということでした。そして、その鐘は物資乏しき折のもので内部の亀裂が生じ、応急措置の柱もひび割れが各所にできたために、再建に踏み切ったそうです。

師走に落慶式がありましたが、この令和の三百年は持つという設計の新鐘楼は、世界平和の祈りを乗せて、新たな歴史を刻んでいくというお礼の言葉で結ばれていました。

こうしたことと反して、新年早々の新聞に、被爆しながらも倒壊を免れ、今も残る最大級の建物「旧陸軍被服支廠」（広島市南区）を、県が一部解体の方針を示したことに対して、保存を求める声が広がっているとの記事が二度にわたって書かれていました。

新聞の記事によると、広島市が被爆建物として登録した建物は市内に八十六件、その中で最大級のものが被服支廠だということです。約一万七千平方メートルの敷地に四棟がL字形に並んでいます。一九一三年に軍靴や軍服を作る工場として建設されましたのが、そのうち三棟を所有する広島県は、一棟は改修して保存しつつ、地震による倒壊の恐れを理由に二棟解体の方針が県議会に示されたということのようです。

これに関して、被服支廠で被爆した中西巌さん（八十九歳、呉市）は、

「核廃絶に役立つ施設、完全な形で残したい」

と記者会見で語っていました。

同席していた他のメンバーらも、

「第二の（世界遺産）原爆ドームになり得る建物だ」

と語気を強めた人もいたようです。

松井一実市長は、

「できる限り全棟を保存してほしい」

と要請し、

「失われると二度と取り戻すことができない」と意義を強調したと告げられていました。

この議論は、保存予算の問題として県と市の間で折り合いがつかず、被爆建物の継承を巡って目下、署名運動が行われていて、一万五千筆の署名が集まっているということです。

私は、この間のやりとりの中で、「失われると二度と取り戻すことができない」という発言にこだわってしまいました。私はかねてより原爆ドームを補修して保存することに異を唱えていました。廃墟は廃墟たらしめ、保存すべきだと思っておりました。そして、思ったことは、心や体に被爆の傷を残して死んで逝った者の死は、どのように考えられていたのかという疑問でした。

私は、今年の誕生日を迎えると、九十歳になります。

恐らく、過去の戦争について記憶し、語ることができる最後の世代だと思っていますが、それもきわめて短い時間しか残されていません。これまでの生きて来た証として、できるだけ多くの言葉を書き残しておこうと思っています。

広島被服支廠保存と元慰安婦写真展

●関千枝子から中山士朗さまへ

なんだかあまり大したことをしていないのですが、野暮用が多く、足の方は順調なのですが、じんま疹が二カ月近くも続いて閉口しているところへ、被服支廠問題。年明け早々なんとなく気ぜわしいです。被服支廠問題は皆さん関心が高いようです。竹内さんの学習会で緊急臨時学習会を組みました。その第一回が一月十九日だったのですが、六〇人以上も集まり、机も取り払い、補助椅子を入れ、超満員でした。この日は、永田浩三さん（元NHK）が問題提供者だったのですが、永田人気というのがあるそうで、それで人がたくさん来たのですが。永田さんの話はそんなに目新しいものではなく（永田さんも戦後生まれですから）、でも、いろいろな映像を見せ、映像に合わせて、峠三吉の詩「倉庫の記録」の朗読が入ったことが、皆さんの感動を呼んだようです。この詩は「原爆詩集」に入っており、被服支廠の倉庫の二階・被爆者の収容所になったあの場所の惨状をリアルにつづった詩ですが、峠さんの「ちちをかえせ　ははをかえせ」の詩を知っている人も、この「倉庫の記録」は知らない人が多いようで、みな静まり返って聞いていました。

広島から参加された多賀俊介さん（被服支廠の保全を願う懇談会）が、現在の運動の状況を語られ、当時学徒動員でここで働き、軍靴を作っていた中西さんのお話、そして何より、竹内さんの膨大な資料（竹内さんの会に行くたび、感心します）によって、なぜ倉庫を全部保存したいか、よく意味が分かってくださったようでした。

広島被服支廠は大正二年に建ったもので、一万七千平米の広大なものです。工場（軍服、軍靴）と倉庫があります。私も一九四四年、女学校一年生の時、臨時動員で、一週間ばかり働いたことがありました。その時は全体がどんな構造になっているかなど全く分からず、倉庫など、どこにあったのやら全然わかりませんが。とにかく戦後、工場の部分は全部取り壊され、別のものになっており、倉庫四棟だけが残っております。南側から北へ、三棟の大きな倉庫が並び、これが県の所有です。一番南の倉庫の横、L字型に、もう一つ倉庫があり、これは国の所有だそうです。

この県所有の三棟が、今回、保存か処分か問題になっています。被爆、そしてそれからの歳月によって傷んでおりますが、当時を物語っています。レンガ作りのように見えますが、コンクリートの躯体の上にレンガを積み上げたもので、建築学上でも貴重なものだそうです。建築以来百年たち、地震がくれば危ないというので、県は全部補修すれば金が膨大にいる（一棟約三十億円）ので、一番南の一号棟のみ補修して残す、二号棟三号棟は解体する。一棟だけ残せば、状況はわかるという案を出しました。すると反対の声がわっと出ました。被爆建物は現在広島市に八十数棟しかないそうで、その中で被服支廠は最大の建物、古いものをすぐ壊してしまうのは問題。分けてもこの被服支廠は文化財としても重要というのです。もちろん、壊すのは仕方ないではないかという声もあります。原爆ドームにしても、原爆のことを思い出したくない、壊してしまえという声もあったそうですから。

私も、この倉庫の歴史などを聞くのは初めてで、いろいろ勉強になりました。私自身は、戦時中の臨時動員の時しか思い出はなく、収容所になった時のことも、たくさんの死体を積み上げて焼いた話もあとで聞いただけですが。でもこの日、いらした方々は、やはり残っている建物は、残すべきだと思われた方が多かったようです。

それにしても、私このごろ不思議に思うのですが、建物の修復の費用にしても新たな建築費用にしても、そんな値段？　というように高いのは不思議に思います。今度の件にしても一棟三十億円というのは、ほんと？　と言いたいのですが。もしかしたらこの業界だけ安倍さんの望むインフレになっている？

なお、その後の情報によると、この件は、広島県や県議会の方からも慎重論が出て、結論先送りになっているようです。もともと広島県の二棟解体案は二月の県議会に出すはずで県議会の自民党は解体案に賛成だったのですが、反対の声が高まる中、自民の中でも慎重に討論すべきだという声が出、その後、県選出の自民国会議員の中でも動きが出ているようです。まあ、結構なことだと思いますが。

今年、年賀状でも、いろいろな方に、今年の八・六、八・九がオリンピックに吸い込まれそうでとても心配ということを書きました。すでにこのことに気が付いている方もいるようで、あちこちから講演の話が来てありがたいことだと思います。また、オリンピックの開会式に、いつも国連事務総長が出席するのが慣わしなのだそうですが、今回は国連事務総長の開会式参列はなく、広島の八・六に出て、そのあと閉会式に出ることになったと報道がありました。（一社だけの報道ですが間違いないと思います）。うれしいことですね。世界中の多くの人々が核廃絶に真剣になっているのに、核兵器禁止条約に否定的で、オリンピックを隠れ蓑に、憲法改悪だの様々なことをやってしまいそうな安倍首相は許せない。

そんな中、一月二十二日には跡見学園中学二年の広島修学旅行の事前授業に行きました。この学校は歴史の古い私立の学校ですが、大変平和教育に熱心です。前に話題になりました、渡辺美佐子さんたち女優たちの「夏の会」の朗読劇も、毎年第一回の公演は、跡見の講堂でするのです。跡見の高校生たちも朗読に加わります。私は毎年この跡見での公演に招待されておりまして、それで跡見という学校が平和教育に熱心なことを知り、その縁で毎年、跡見にお話に行くようになったのです。跡見の場合中学二年生、私のクラスが被爆全滅した時と同じ年です、私も張り切って話しますが、跡見の先生は、生徒たち全員に私の本を読ませて、講演の前に生徒たちの質問や感想をとってくださいます。ですから、私も、50分という短い時間に何を語ればいいか、考え考え語ります。

一月二十四日。立川で、宋神道さんという元慰安婦を写した写真展がありました。韓国の方ですが、さまざまなことがあって戦後に日本に住みました。唯一の在日慰安婦として生きましたが、明るく踊りが好きな方で、「戦争がいけねえ、何があっても戦争をしちゃいけねえ」と言っておられたのを思いだします。

宋さんは何度も取材したことがあり、遠い立川までわざわざ行かなくてもと思っていましたが、展覧会の実行委員会の谷口和憲さんがあまり熱心でお手紙などくださるので、思い切って立川まで行きました。

谷口さんは性暴力に反対する男たちの立場から運動に入った人で、生活は食えるだけの仕事をし、運動をし、一人で「戦争と性」という雑誌を出しています。この雑誌で、原爆のことを取り上げたことがありその時からの知り合いです。谷口さんが中心で、この展覧会を考え、飾りつけなども全部素人の実行委員たちの協力でやりました。会場費もいるし、展覧会はタダでやっていますし、大変だろうと思いましたが、賛同のカンパが二百人以上から集まり、無事に開催にこぎつけたとか。参加者も多く、よかったと思います、宋さんの日常を撮った写真に皆さん見入っていました。

この展覧会のことや宋さんのことをもっと書きたいのですが、また長くなってしまいました。またの機会に書きます。こんな展覧会をすれば「右」というか、慰安婦なんかいなかった、などの暴論を吐き、暴力をふるう人もいるのですが、そんな方が会場に見えなかったのはよかったです。前の日に、一人そんな方が来て、しかしこの人は暴力を振るわないで、話し合いをずっとやったけど、平行線だったと言っていました。一度や二度の話し合いで通じるものではないでしょうが、暴力でなく、論戦はいいことですね。

私も、せっかく立川まで行ったのだからと、立川の友達に声をかけ、会場まで来てもらいました、知の木々舎代表の横幕玲子さんも来てくださいました。知の木々舎のブログ、大いに増え、それはいいことですが、月二回、あれをブログに載せるの大変だろうと思いましたが、一時コーナーが四十を超え、作業が大変だったが、今は、三十程度に減った。今ちょうどいいくらい、だそうです。私たちの「核なき世界を求めて」も、大いに頑張って書き続けてくださいということでした。

今年の正月明け、『男はつらいよ　お帰り　寅さん』を見に行きました。考えてみますと映画館に行くのは久し振りです。大腿骨骨折手術後、杖だけではパワー不足ということでサイドカートを使っています。これで歩行はずいぶん早くなったのですが、階段の上り下りは、階段によっても違いますが、くたびれます。エスカレーターの方が楽です。

劇場や映画館は劇場の中に小さな階段があって不便なところが多く、つい敬遠していたのですが、この日はお天気も良く、出かけました。私が映画を見るのは、品川プリンスというホテルの中にある劇場で、六つの劇場が入っています。行ってみると相当の人が入場を待っていて、子ども連れが多く、これが皆寅さんかとびっくりしましたが、子どもたちはスターウォーズらしく、寅さんの劇場の入りは半分以下でした。入っている人も年配ばかりで、みな、寅さんを懐かしむ人のようです。寅さんの映画の感想を少し書きたいのですが、もう三千八〇〇字を超えてしまいました。次回に書きます。

●中山士朗から関千枝子さまへ

お怪我、その後いかがかと案じておりましたが、お手紙を拝見して安堵しております。けれども、決してご無理なさらないように願います。

私自身もこのところ、心身ともに乾燥期に入ったらしく、全身に湿疹状の痒さが出て何事にも集中力が欠けてしまい、困ったものだと思いながらその日、その日を暮らしております。考えてみれば、今年の十一月に誕生日が来れば九十歳になるのですから、致し方ない生活環境なのかもしれませんが、老齢期を実感しながらの生活を送っています。

先日、私たちの『往復書簡』を読んでくれている知人から、「私生活を味わい深く読ませてもらっています」という葉書が届き、嬉しく思いました。

そんな訳で、これからも私生活を少しずつ書いてみたいと思っています。

つい先日、野球の野村監督が風呂場で死去されたということを新聞のニュースで知りましたが、他人事とは思えない事象でした。私は、温泉が出なくなったことが一因ですが、この冬は入浴しない日々が続きました。これは、入浴中に孤独死するのを恐れたからです。温泉地である別府では、十二月、一月に入浴中に人知れず死亡する人が多く、昨年の統計では、一月に一二七人が亡くなっています。つい先日も、マンションで一人暮らしをしている人が入浴して亡くなり、数日たって発見されたという記事が新聞に載っていましたが、他人事ではないと思いながら読んだ次第です。

それにしても、お手紙を読み終えた時、竹内さんの学習会での話、跡見学園中学二年生の広島修学旅行の事前授業での講演、立川での宋神道さんの写真展に行かれた話はまさに行動する関千枝子さんだと思いました。ことに、「跡見の場合中学二年生、私のクラスが被爆して全滅した時と同じ年です」、この言葉には言い知れぬ重さを感じました。

また、韓国の元慰安婦・宋神道さんの「戦争がいけねえ、何があっても戦争をしちゃあいけねえ」という言葉に胸打たれました。

また、このたびのお手紙の中にも、広島の被爆建物である旧陸軍被服支廠の解体計画が触れられていましたが、この件は一部解体の着手が先送りになったようです。二月四日の朝日新聞の記事によると、「全棟保存を求める市民の要望が相次ぎ、県議会からも〔時期尚早〕との声が上がった」ためとされていました。

それから数日後、朝日新聞一面の鷲田清一さんの〈折々の言葉〉に、

そうか。廃墟に棲むことを選ぶ人がいてもいいのだ。

与那覇潤

この文章の解説として、

「同時代の社会を捉えるために「歴史」の中にそれらを丹念に位置づける努力を人々はしなくなった。それでも、国の隅々にまで、あるいは国境を跨いで、一つの歴史をおしつけ、刷り込もうとするよりは、この語り得なさの絶望の内に立ち尽くし、「歴史」の記憶を密かに繕いつつ、「歴史」が朽ちゆくのを眺めているほうが意味あると歴史学者は書く。『荒れ野の六十年』から。

この思想は、「廃墟は　廃墟たらしめて保存する」という私の想念とも合致するものであります。こうして私たちが〈核兵器のない世界〉を目指して、こつこつと『対話随想』を続けているさなか、二月五日の新聞に米国防省が、低出力で「使える核兵器」と称される新型の小型核弾頭を搭載した潜水艦発射弾道ミサイル（ＳＬＢＭ）を海軍が実験配備したとの記事が掲載されていました。この低出力核弾頭の潜水艦配備は初めてで、核戦略の増強をはかる中国、ロシアに対抗す

る狙いもあると報道されていました。

この記事を読みながら、私は核の抑止力の強化はおろか、新たな危険を生み出すだけのようにしか思えませんでした。新聞のさらに細かい報道によりますと、この小型核弾頭は爆発力を抑え、敵の施設への局地攻撃などを想定して開発されたものだということです。

米メディアによると現行の核弾頭の爆発規模は約百キロですが、小型核弾頭は約五〜七キロトン。広島に投下された原爆は十六キロトン。長崎は二十キロトンだということですが、核が惨苦を再びもたらすことが「小型だから」と正当化されるシナリオなどは、人道法上許されるはずもなく、武力衝突の規模を制御できると思うのも誤りです。

今年は、広島、長崎の被爆から七十五年に当たります。冷戦期から世界の核管理の支柱である不拡散条約（NPT）も、発行から半世紀になります。四、五月には、条約加盟国が五年に一度不拡散と軍縮への関与を確認する再検討会議が開かれることになっておりますが、その義務は果たされていません。その一方で、北朝鮮は核開発を止めず、南アジアや中東も核問題に直面しております。非核国が中心になって結ばれた核兵器禁止条約について、日本は保有国と非核国との橋渡し役と言っていますが、その存在感は薄いものであります。

トランプ政権は核兵器関連予算の大幅増額を求め、核の役割を増大させる構えです。「核の傘」強化を求める日本政府は「核体制の見直し（NPR）を高く評価した経緯があります。

被爆建物保存運動に甦る峠三吉『原爆詩集』

二〇二〇年三月

●関千枝子から中山士朗さまへ

中山さんも、「乾燥期」で湿疹などお悩みのようですが、私も暮れからじんま疹が二カ月も続き、本当に困りました。私は子どものときからじんま疹体質なのですが、こんなに長く、しかもひどいのは初めてです。しかし、じんま疹で死ぬことはありませんし、おおらかに生きたいと思います。中山さんのかゆさが、じんま疹か、単に老人性の乾きから来るかゆみか分かりませんが、どちらでも抗ヒスタミン剤を飲むといいと思います。

私の経験では、かなりかゆみが軽くなります。抗ヒスタミン剤は、医師の診断書がなくても普通の薬屋で買えますし、医師の話では抗ヒスタミン剤は飲み続けても悪いことはなく、花粉症にも効くそうですから。昔、年寄りは、老人性の皮膚の乾きに「孫の手」と称するもので、ひっかいたのですが、ひっかくといいことは何もないと思います。とにかく一時でも薬で抑えるのが一番です。

それより心配なのは、入浴しないことです。これはいけませんね。私は毎日入浴します。足の具合で風呂桶に入るのが難しいので前にも書きましたが、風呂桶に入るためのボードのようなものを使い、入浴します。暖かい湯に入るのが一番の健康法と思います。

一人で入浴中の孤独死が怖いとありますが、一人暮らしをしていれば孤独死は仕方ないこと。一人暮らしになったのが運命と、思うしかないのではないでしょうか。

ソファに座っていても、楽しくテレビを見ていても、急にガクッと来ることはあります。むしろぐずぐず長患いして皆に迷惑をかけて死ぬよりいいではありませんか。風呂場の死ですが、一人暮らしでなくてもありうることで、私の知っている方、娘婿と飲んでいて、「風呂に入る」と言いだし、風呂に入った。婿は一人で飲み続けていて、ちょっと遅いなと思い、行ってみたら彼が死んでいた。心臓麻痺か何か起こし溺死だそうですが、婿も目覚め悪いし、ほかの子どもも、婿も、気づくのが遅かったとぶつぶつ言い、その後、関係がまずくなったとかで、難しいことです。娘も婿も悪気があったわけでなし、気の毒です。私は、風呂場で死ねば、体は奇麗になっているし（あとの手間はなく）、呑んでご機嫌よく、そのまま亡くなったわけで、いい死に方じゃないかと思ったりするのですが。

入浴中の孤独死を恐れ、行政の施設に風呂場を作れなど運動しているところがありますが、私は湯冷めするたちで、遠くに行くなどまっぴらだと思います。孤独死がいやなら一人暮らしを止め施設に入るしかありませんが、私は一人暮らしの方が気楽でいいと思っています。一人で暮らせる限り一人で暮らしたいと思います。

お手紙にありますように、広島被服支廠の方は、県が「様子見」で、解体先送りになっています。はじめ県は二月議会に出す予定で自民党県議が賛成していたのですが、あまりの反対の多さにびっくり。自民の広島県出身の国会議員からも声があったようで、自民の県議も、これはまずいということになったようです。中山さんにもお願いしました「署名」がものを言ったようで、署名などしても無駄、ではなかったのです。よかった、と思います。これから論議がいい方に向かいますよう祈っています。

さて、世間は新型肺炎コロナウイルスでほかのニュースが消えてしまったような感じですが、ほかにも心配なことといっぱい起こっています。核に対する世界の動向、アメリカのトランプの動きなど恐くてしかたがありません。お手紙にもありました、潜水艦への小型核弾頭など腹立たしいばかりです。世界的にもトランプに似た「右」の多さもぞっとしますが。でも、まともな声は多い、核を持たない小さな、弱いと思われている国の頑張り、決してあきらめてはならないと思います。

そのなかで出来ることをやってゆく、それがどんなに小さなことであっても。

この間高校生平和大使を七年前にやり、今大学院生でブラジルのヒバクシャに興味を持ち、ブラジルに通いながら（これ大変、ブラジルは遠く、飛行機代も高いので）ヒバクシャに話を聞いたりしている女性に会いました。高校生平和大使はいいけれど、卒業後、核の問題をどう考え関わっているのだろうと思っていたのですが、こんな大学院生もいることに感動しました。こう言う若い方々がいて「継承」、「核兵器廃絶の闘い」が引き継がれていくのだろうと。

いろいろな会に出ています。コロナウイルスで「不急不要」の会に出るなと言われても行かないわけにはいきません。報告したいことも多いのですが、この前からスペースがなく書けなかった、山田洋次監督の新しい映画『男はつらいよ　お帰り　寅さん』の話をいたしましょう。行ったのは一月五日、今年初めての日曜日、品川駅前品川プリンスホテルの中のシアターです。かなり広い劇場が六つほどあり、それぞれ違う映画をやっています。待合の場に人が大勢いて、正月のためか、子どもも多く、子どもも寅さん見るのかな、と、ちょっと感激したのですが、子どもたちはみなスターウォーズらしく、寅さんの劇場は三分の一くらいの入りでした。いろいろな方の観劇記を見ると、若い人もおり、年配者は、大いに笑い、みな寅さんの大ファンらしかったなど書いてあるのですが、この日の品川のお客様は年寄りは多かったが、静かで、少し、違うのかな。

でも、やはり山田洋次監督はうまいなと思いました。おいちゃんもおばさんもタコ社長も死んでしまっていないけれど、さくらもひろしさんも、タコ社長の娘も皆元気です。

さくら夫婦は昔のくるま屋に住んでいますが、団子屋でなくて喫茶店になっています。

随所に懐かしい名場面が出てきます。「寅さんを一番懐かしがっているのは山田監督じゃないか」と思いました。物語の中心になっているのは満男で、妻は六年前に死に高校生の娘と暮らしています。サラリーマンをやめ、書いた小説が当たったが、まだ次作が書けるかどうかもわからない、という設定で、大作家ではありません。かつての恋人・いずみは欧州に住んでいますが、たまたま仕事で日本に来て、本のサイン会をしている満男とばったり会います。

いずみのゴクミ（後藤久美子）は本当に今ヨーロッパに住んでいるのですね。彼女の出演がなかったらこのドラマは成立しない。山田監督は一番初めにゴクミに電話して出演してくれるかどうか聞いたそうです。若い（当時の）俳優たちの中でも、満男（吉岡秀隆）とゴクミは山田監督の「好み」ではないかな、どこかちょっと陰りがあって。

とにかく満男もいずみも思いは深いが、結局、さよならと別れるしかありません。

満男の方は、好意的な出版社の編集の女性を満男の娘も好いていて、なにか今後発展しそうな予感を抱かせます。新しい物語はここから始まるという人もありますが、どうでしょうね。

私は満男は寅さん二世にはなれない。「風天」にはなれない。寅さん流に行きたいと思っても無理です。寅さんを生かしていた職業・香具師（ヤシ）は、もう過去の商売になってしまいました。正月の初もうではまだ生きていますが、どこを見渡してもあのにぎやかな口上で「ちょっといかがわしいもの」を売りつけるヤシの姿はありません、あの商売はこの国ではもう成り立たない。百貨店も危なくなって、通販、ネット販売の時代ですから。いかがわしくその日その日を暮らす人々、どこへ行ってしまったのでしょう、路上生活？　とにかくもはや寅さんは、「生きていくこと不可能」の時代です。これはいいことなのでしょうか。満男君は、一応安定したサラリーマンを捨て先行き分からぬ小説家になりますが、それでもそれは「風天」ではありません。寅さんのあの時代は、「はずれもの」もまだ生きられたのですね。そして、高度成長期は過ぎたけれど、豊かになった日本で、人々は、金もない定職もない、外れている寅さんを愛しました。できたら自分もああなりたいと思っていたかもしれません。

書き忘れていました。映画の最初に出てくる「歌」、この作品ではサザンの桑田が歌っています。桑田はもちろん成功した大スターですが、あの歌声に、山田監督は、野性味というか、主流でないものを感じて、桑田を使ったのではないかと思いながら聞いていました。

そしたら、物語の終わりで再び出てくる「寅さん」の歌、それは渥美清が歌っているのですよ、桑田は出てこなくて。その意味を深く考えるのはやめて、気楽に渥美さんの声を楽しんでいました、渥美さんは歌もうまかったな、と思って。

正月には考えもしなかった新型肺炎コロナウイルスにもう日本中大騒ぎです。大掛かりなイベント中止の首相要請、確かにスポーツなどの大掛かりな催しは、感染を広げる要因になるかもしれませんが、日に日に外に出る人は減り、街はがらんとしています。経済の落ち込みも心配。それにしても人々の浮足立っているさまは。大きなイベントでなく小さなイベントもやめなくてはいけないように言う人も。まさに「自粛の全体主義」ではないかしら。

予約した本を取りに図書館に行きましたら、カウンターは空いていて予約した本は受け取れるのですが、書架も席もロープを張って締め切り、誰も入れないのです。つまり人を入れないようにしているのですね、街の図書館で何人もの人が集まれるものでもありません。これは行き過ぎではありませんか、と言ったのですが、カウンターに一人いる若い職員に言ってもどうにもなりません、しかし、おかしいと思います。

そんなことを思っていたら、安倍首相の全国一斉・学校の休校の要請です。国に学校の休校の権限はないはずで、それぞれの自治体の教育委員会の権限のはずです。それを何の論議もなく、受け入れる、おかしいのではないでしょうか。この国の民、委縮してしまっているようで、私はその方がよほど怖い。コロナウイルスについていえば、一番の問題は検査体制の遅れ、（韓国に比べ数十倍の時間がかかっていてこれが治療体制の遅れで、問題を大きくしている）のに、それに対して抗議の声が少ないのは問題だと思います。

実は、三月八日、大阪にドラマを見に行くところでした。大阪のいくつかの劇団が共同して行うので、私は大阪の劇団のかたに、『二年西組』の朗読劇でお世話になっているし、ドラマが国防婦人会を取り上げているのでぜひ行きたいと思っていました。私は国防婦人会が誕生した大阪築港で会結成の十日後に生まれていて、非常に興味があるのです。それが急に中止になりました。大阪ではドラマをやる劇場のすぐ近くのライブハウスで感染者が集団発生、空気が一変、そこへ学校休校などの安倍首相の独りよがりの要請。大阪では劇場も映画館などもみな臨時休業に追い込まれているとかで、このドラマも中止です。コロナウイルスを軽視するわけではありませんが、私、この国の民の萎縮ぶり、ウイルスよりこちらの方が恐ろしいです。

●中山士朗から関千枝子さまへ

私の入浴について貴重なご意見を頂きありがとうございました。世間では、風呂に入りたがらない年寄りは呆けの始まりと言うようですが、あるいはこの類ではないかと内心恐れを抱いております。

とりわけ「一人暮らしになったのが運命と、思うしかないのではないでしょうか」この言葉は身にこたえました。

なぜならば、関さんにもお読みいただいたと思いますが、私が小説を書き始めた頃の作品の中に、「浸蝕」という私小説風に綴った短編があり、被爆の後遺症を恐れ、子どもをもうけない夫婦の話を書いたことがあります。このことが、関さんの言われる「運命」かもしれないと思いました。その一方で、関さんの言われる「孤独が嫌なら一人暮らしを止め施設に入るしかありませんが、私は、一人暮らしの方が気楽でいいと思っています。一人で暮らせる限り一人で暮らしたいと思います」という思考には同感です。しかし、私には子どもがいないので、相談する相手もいないのですから、月に一度、独居高齢者の家を訪問してくださる民生委員の方と、これからはよく連絡が取れるようにしたいと思っております。

私たちの往復書簡において、このところ倒壊の恐れがあるため解体を検討されている広島被服廠の建物について記述が続いておりますが、この建物について、峠三吉の原爆詩集に関さんが触れておられましたので、その詩集を書庫から探してみました。一九五二年五月十日に、青木書店発行の青木文庫として発行された『原爆詩集』は、当時は紙質も悪かったせいか、表紙も中のページも茶渋色に染まっていました。巻末になかの・しげはるの「解説として」という文章がありました。一九五二年と言えば、私も関さんもまだ早稲田大学文学部露文科に在籍していた頃ですから、六十八年昔のことですね。

中野重治は解説の中で、

〈峠三吉は、これらの詩をむしろ静かな態度で書いた。またそれをつつましい形で世に出した。広島の荒廃、多くの人の肉体的苦痛と餓えのなかから芽ぐんできた芸術と文学とへの民衆的要求、そこから生まれた「われらの詩の会」の仕事を組織しながら、彼がこれらの詩を書き、平和擁護の仕事の力ぞえするため、また、一九五一年八月の広島平和大会にささげようとして、彼は貧しいガリ版ずり本としてこれを出したのである。〉

と書いています。

扉に

――一九四五年八月六日、広島に、九日、長崎に投下された原子爆弾によって命を奪われた人、また現在に至るまで死の恐怖と苦痛にさいなまれつつある人、そして生きている限り憂悶と悲しみを消すよしもない人、さらに全世界の原子爆弾を憎悪する人々に捧ぐ、と記し、詩集の「序」で、

ちちをかえせ　ははをかえせ
としよりをかえせ
こどもをかえせ

わたしをかえせ　わたしにつながる
にんげんをかえせ

にんげんの　にんげんのよのあるかぎり
くずれぬへいわを
へいわをかえせ

と謳った峠三吉には、その直後に被爆した人間の姿が冒頭の「八月六日」の詩に書かれていました。

やがてボロ切れのような皮膚を垂れた
両手を胸に
くずれた脳漿を踏み

焼け焦げた布を腰にまとって
泣きながら群れ歩いた裸体の行列

詩集は、やがて「倉庫の記録」へと移っていくのです。この倉庫というのは、現在、倒壊の恐れがあるということから一部解体するという旧陸軍被服支廠の建物です。

峠三吉は、ここに六日間滞在し、記録を残していたのです。関さんは既にご存知のことですが、「その日」の項のみ抜粋してみました。

いちめん蓮の葉が馬蹄型に焼けた蓮華の中の、そこは陸軍被服廠倉庫の二階。高い格子窓だけのうす暗いコンクリートの床。そのうえに軍用毛布を一枚敷いて、逃げてきた者たちが向きむきに横たわっている。みんなかろうじてズロースやモンペの切れはしを腰にまとった裸体。

足のふみ場もなくころがっているのはおおかた疎開家屋の跡片付けに出ていた女学校の下級生だが、顔から全身へかけての火傷や、赤チン、凝血、油薬、繃帯《ほうたい》などのために汚穢《おわい》な変貌をして物乞いの老婆の群れのよう。

壁際や太い柱の陰に桶や馬穴が汚物をいっぱい溜め、そこらに糞便を流し、骨を刺す異臭のなか（中略）。

灯のない倉庫は遠く燃えつづけるまちの響きを地につたわせ、衰えては高まる狂声を込めて
夜の闇にのまれてゆく。

中野重治が解説で、「峠三吉は、これらの詩をむしろ静かな態度で書いた。またそれをつつましい形で世に出した。」と書いた個所のところで、私は関さんの手紙にありました七年前に高校平和大使を務め、大学院生となった現在もブラジルのヒバクシャに興味を持ち、ブラジルに通いながら、話を聞いている女性のことを思い浮かべました。こうした若い人々がいて「継承」「核兵器廃絶の闘い」が引き継がれていくと関さんは語っておられますが、その通りだと思います。

しかし、そのブラジルのサンパウロで二月下旬にあったカーニバルのパレードにサンバチーム「アギア・ジ・オウロ」（金の鷲の意味）の山車が登場しましたが、これは原爆をモチーフにしたものでした。米軍の爆撃機Ｂ29を模した飛行機の下にキノコ雲が立ち上がり、後ろには炎に包まれる原爆ドームがあるという制作でした。テーマは、「知識の善悪」。原爆は「史上最悪の形で知識が使われた例」として扱われました。チームには広島や長崎にルーツを持つ日系人も参加したということでした、このコンテストで、チームは優勝しました。ブラジルの被爆者らでつくるブラジル被爆者平和協会は「原爆が人類史の一つの悲惨な出来事だととらえていた。優勝で、そのことが広く伝わった」と評価し、これを機に、語り部活動などを通じ、ブラジルの人にも被爆の実態をさらに伝えていきたいと語っていました。

19

コロナ禍に思う

二〇二〇年三月

●関千枝子から中山士朗さまへ

今日は三月二十八日、私の誕生日なのですが、都知事の「自粛」要請が出ていて、なんだかしんとしています。新型コロナウイルスは日本だけでなく欧米でも急に増えて、大変な騒ぎになっています。コロナを軽く見るつもりはありませんし、まだまだ分からない面も多く、慎重に対処しなければなりませんが、何だか私には腑に落ちないことが多いのです。それに、慌てふためく人々、情けないし、私は日本人に対して少し、「不信感」を抱きました。戦前、国策に沿い、お国のためなら仕方がないと、一丸となり突き進んでいったことを思い出します。もちろん、戦争と、感染症と一緒にしてはいけませんし、少しでも早くコロナを退治したい思いは同じですが。

今回の都知事の要請は、「不急不要」の外出を取りやめてほしいと言い、都だけでなく都を取り巻く県（神奈川、埼玉、千葉、山梨）も同調したので、多分、都心や盛り場はガラガラになると思います。それはいいとして、要請が出た直ぐ後、買い占めがおこったのには驚きました。食べ物（冷凍食品など）を買い占めるなど、スーパーの前には朝から長蛇の列、大混雑になったそうです（情報を入れてくれる人がいるので）。こんな混みようでは、一番いけないと言われる人々の密集状態になるのではと思います。ひところトイレットペーパーがなくなるというデマが飛び、大丈夫といくら言っても駄目で、トイレットペーパーは売り場から消えました。駅のトイレに積んであるトイレットペーパーを盗んでくる人もあったそうで驚きましたが、二七日のスーパーでもトイレットペーパーを抱えている人を見かけました。いくらあると言っても不安なのですかね。本当に足りないマスクや消毒薬はものすごく高いのが出回っていたり、こんな時に儲けようなんて、あきれ返ってしまいますが。

さて、私の「不信感」の内容ですが、とにかくオリンピックの延期が決まったら急に感染者の数が増えてきたことです。安倍さんはとにかく自分の任期中にオリンピックをしたい、だから、感染の数を抑えてきた。というのは、日本の検査体制は非常に遅くて、まだ検査未了がいっぱいある、韓国は非常にチェックが早く、だから韓国の数が多いという話もあります。検査が遅いのは問題だとかねて思っていました。それがイタリアはじめ欧州、そしてアメリカに広がる。その中でオリンピック延期が当然のことのように言われ、一年後に完全な形でやる、と安倍氏の思うような形で収まった。中止にならないで、安倍さんはほっとしたと思います。学校の一斉休暇で日本人の中にも委縮気分が蔓延している。これも想定以上の成功ではないでしょうか。

私、安倍首相が全国一斉に学校の休校を言いだし、これは専門家にも相談せず、萩生田文科相とも少し意見が違ったのに（萩生田氏は安倍さんに最も信頼を受けている人）、要請を出した。学校の休校は、地域の教育委員会で決めることで総理の権限ではないのに、結局、九八％の学校が休校になった。新型インフルエンザ対策特別措置法の対象に新型コロナを加える改正法も成立、何時でも「緊急事態宣言」を出せる。

その直後、オリンピックを延期せよという声が出始めたのですが、今年の夏は無理として、安倍首相の望む、延期して完全な形でやる、ということになった。その直後から東京の感染者が急に増えだした。どうもこれ、遅れている検査の中で判明した感染者の数を出してきたのではないかと思うのですが、私の考えすぎかな。そして、週末に自粛を呼びかける都知事の要請が出た。感染源が判らない感染者が増えたためと言いますが、その方々のデータを全く出さず、ただ重大な局面を強調するだけなのに私は不信感を持っています。感染源が判らなくてもその方々の行動がもう少し詳しく判ればと思ったのです。東京は広いです。例えば、私の住む南部臨海方面と、都の北西のはずれ、八王子あたりと全くちがいますものね。

それで、自粛の週末が終わり、新たな感染者の数が発表され、それが今までの最大の数だったのですが、その中に感染経路がよくわからない人が多くいることが発表されました、また、驚いたことに台東区の大きな病院で、感染が出ていることが分かりました。小池都知事は不要不急とは何だと問われ、生活物資を買うため（スーパーなど）や、医療のためなら仕方がないといったのですが、病院内での大量発生とはね。また、感染経路のわからない人の中に、バーやキャバレー、若い人ならカラオケなど具体的な名前を出し、特に夜間の自粛を要請したのです。夜のテレビは、飲み屋街などがガラガラになっているさまを見せ、これらを経営している人々の困っているさまを映し出していました。コロナ騒動が起こってから消費がぐんと落ちているのに、これでは、小さな飲み屋などつぶれてしまうのではないかしら。

　自粛がうまくいかなかったら、総理の「緊急事態宣言」しかない。都知事も大阪府知事もそれを待つようなことを言っていました。緊急事態になって、それこそ集会は三人でもいけない、二人で歩く時も一メートル八十センチは開けろ（ニューヨーク市はそんなことになっているみたい）なんてことになったら大変だと思います。しかし、いわゆる「進歩派」でもコロナは別だ、自粛しようという人が多いのですが。

　私たち、女性「九条の会」（私も世話人の一人です）では、学習会に内海愛子さんを招き日本とアジアの問題を勉強する計画を立て、三月七日に学習会を開きました。「嫌韓」などという言葉ができるくらい、韓国に対して風当たりが強く、テレビのお昼のニュースショーなどを見ていると本当に戦争が始まるのではないかと思うくらいでしたので、時宜にあった企画と思ったのですが、コロナの騒ぎで、大きな集まりは持つな、密集はいけない、不急不要の催しは持つな、など政府の〝要請〟で空気が一変しました。公共の会場は閉じてしまったところもありました。私たちの会にも予約の取り消しをいってくるひともありました。

　コロナという得体のしれない相手ですから、皆が恐れるのはわかりますが、これは過剰だと思うこともありました。前の原稿でも書きましたが、私の街の図書館に私は本を予約していたのですが、取りに行くと、カウンターは開けていて予約した本を受け取ることはできるのですが、席も書架もロープを張りめぐらし、人が入れないようになっているのです。町の図書館で席と言ってもせいぜい一〇人くらいで一杯、書架に人があふれるようなこともありません。考えすぎではないかと思ったのですが、カウンターにいる係の人に言っても、区内の図書館は全部こうしています、というだけでラチが明きません。私はこれはおかしいと思って朝日新聞の声欄に投書して採用されたのですが、反響多く、うちの街の図書館は締めてしまったという人もありました。

それから、三月八日、私は大阪に芝居を見に行くつもりでした。大阪の人びとと私はかねて仲が良く、シニア劇団が『二年西組』の朗読劇をしていることなど前に書いたこともあると思いますが、大阪のいくつかの劇団が連携して、国防婦人会のことをドラマ化するというのです。私は国防婦人会が生まれた大阪築港の街で国防婦人会設立の十日後に生まれており、興味を持っていたので、大阪に見に行くことにしていたのですが、それも中止になってしまいました。大阪ではライブハウスで集団感染がおこり、それ以来空気が変わってしまったそうです。

内海さんの学習会にもいろいろあり、本当にやるのですか、と、聞いてくる方も多かったです。でも、私は絶対にやろうと言い、内海さんも大変喜んでくださいました。私は開会のあいさつ、司会をやりました。こんな自粛ムードの時に来てくださった方に感謝し、この会は「不急」かもしれませんが「不要」とは思いませんので、と言いました。予約が減ったため会場も机なしで七十人くらい入る部屋で、机を入れて三十数人、広々と、密集ではありません、何の問題もない！

学習会の内容は素晴らしく本当によかったです。こんな時集会など開いてもしもの事があったら、と皆、不安になるのではないかしら。でも私たちの会、開いてから二十日経ちましたが感染者も出ていませんし、何の問題もありません。

しかし、コロナはますます感染を広げそうですし、いつおさまるか見当もつきません。いろいろな会の中止、延期が続きます。困ったことです。

私がかねて心配していた被爆後七五年。オリンピックと重なることはなくなりましたが、コロナが収まらない、被爆の式典も自粛し時間も少なく簡素に、世界からの客もいらない、なんてことになったらどうしよう、など、今から心配しています。

●中山士朗から関千枝子さまへ

このたびの新型コロナウイルス感染症の世界的な拡大に伴う混乱について、連日、感染者数が伝えられ、アメリカのトランプ大統領は、日本の真珠湾攻撃や貿易センターへのテロ攻撃を例にとって「戦争だ」と言い、日本の安倍首相は「第三次世界大戦」と表現しました。互いに戦争体験のない宰相の発言を聞きながら、私は強い違和感を覚えたのでした。

なかんずく、ジャーナリスト田原総一郎氏が首相と面会した折の言葉が、氏のブログに残されていましたが、その内容を知り驚かざるを得ませんでした。

首相は、

「第三次世界大戦は核戦争になるであろうと考えていました。だがこのコロナウイルス拡大こそ、第三次世界大戦であると認識している。」

と語っています。

この発想、認識は、トランプ大統領が使いやすい新型核兵器開発を宣言したことと相通ずるものがあります。

そのようなことを考えておりましたら、このところやたらと「新型」という文字が羅列されている記事が多いことに気づきました。ある新聞の「食習慣」という欄があって、管理栄養士さんの書いた文章の見出しに、

飽食の今こそ要注意「新型栄養失調？」

とありました。

このように、私はなぜか、「新型」という言葉にこだわってしまうようになってしまいました。これは、この十一月には九十歳になる私の年齢がなせる業なのかと思ったりしますが、やはりそれ相応の理由があるようです。

私は昭和五年十一月二十二日の生まれですが、十四歳の時、広島に原爆が投下された時、爆心地から一・五キロメートルの場所で被爆したのです。その時の、大本営の広島被爆については次のように発表されたのでした。

昨八月六日広島市は敵B29少数機の爆撃により相当の被害を生じたり
敵は右攻撃により新型爆弾を使用せるものの如きも詳細目下調査中なり（八月七日）

つまり、私は新型爆弾によって生まれ変わった人間というべきかもしれません。ですから、新型という文字に接すると、自然に顔に大きなケロイドをのこして生きなければならなかった私の、当時の暗い、絶望的だった生活が思い出されてくるのです。

そして、現在の、残り少ない時間の中で安倍首相の感染拡大を戦争としてとらえる「戦時の発想」の転換による「緊急事態宣言」を聞くにつけ、「新型」という文字にこだわってしまうのです。

ある学者が、

「地球は、野生動物との共生の場です」

と語っていましたが、恐ろしい現実を突き付けられた思いがします。

今日の手紙は暗いものになってしまいましたが、静かに時間をやり過ごすしか仕方がないのでしょうか。

そんな中での、内海愛子さんを招いての女性「九条の会」の学習会を開催し、その開会の挨拶、司会をされた話を聞きながら、お元気でご活躍のこと嬉しく思っております。

一昨日、関さんもご存知の野村勝美君から久しぶりの電話があり、三十分ばかり話をしましたが、私が九十歳になってなお書き続けていることに驚いている様子でした。

私は、

「関さんに引っ張られて書いているだけ」

と答えておきました。

20

〃自粛〃のなかの日常生活

二〇二〇年四月

●関千枝子から中山士朗さまへ

全く、コロナ騒ぎには嫌になる、というか、もう、危機的ではないかと思います。コロナの蔓延が大変、医療が破滅的状況になっていることもありますが、日本全部がおかしくなって、革新的と言いますか、ともに活動してきた人たちも委縮（自粛でなくて）してしまっていることです。コロナの感染が危ないということで、自治体などの貸会議室などはすべて閉館になり、いろいろなイベントは全部中止、民主団体の集会も、会議も、人の集まることはすべてだめになってしまいました。私は民間の施設を借りたらと思い（多少高くても）聞いてみたのですが、皆さん嫌がるのです。「こんな時ですから」。もし万が一、感染者が出たら、と心配なのですね、もし、感染者を出したら、それこそ、屋形船や大阪のライブハウス同様、非難で、経営が傾きますものね。

都心の有名な会議室ばかりではありません。気づいてみると、わが棟の集会室も、コロナのため当分使用禁止とあり（ここは公社の経営で、公社がそう決めたらわれわれ住民は文句言えません）、自治会の役員会も開けません。その横に、管理人も今まで週一回の休みだったのが、当分週三回休むと書いてあります。

公園の遊具にもロープが張ってあり使えなくしてありますし、公園自体が締めきっているところもあります。いつもお送りしている知の木々舎の表紙の植物の写真、先日お送りしたの、紫色の花、なにか違うような気がしていたのですが、横幕さんのメールで分かりました。立川の昭和記念公園、全部締め切っていて、写真が撮れず、去年撮った写真を使ったのですって。あの公園は昔の砂川基地闘争の跡。広大な面積で、相当人が入っても、そんなに密集状態にならないと思うのですが。何かおかしいですね。

博物館、美術館の閉館では、丸木美術館も閉館状態に追い込まれ、イベントもすべて中止。原爆の絵の保存事業も見直しになるのではと大変心配されています、これ、別に資料を送りますのでご覧ください。

今年は被爆七五年、ある被爆者の友が、幼少期に被爆、やっと切り抜けたのに人生の最後に来てコロナ、なんてことだと怒っていました。私、今年六月、七月にかけ、あちこちで被爆の話をすることになっていたのですが、全部キャンセルになりました。本当に悔しいです。

会議などは皆ネットで。メーデーも憲法記念日も、デモ行進はなく、式典をネット配信です。コロナには勝てない！

今日は小池都知事の言うステイホームの最初の日（四月二五日）になります。私も別に出かける用事もないので家にいますが、静かで子どもの声も全く聞こえません。私、どうも気に食わないのは、感染者を調べるのに、日本はとても時間がかかり、まだ検査されていない人が多い、その問題を放っておいていいのかしら。台湾や韓国はこの調べが大変早くて、今ほとんどコロナを抑え込んだ形になっています。そこを改善しないで、盛り場ばかりを調べて何割減ったと言ってもおかしいと思うのです。スーパーが、混んでいるのにと思っていましたら、今度はスーパー通いも三日に一度など言いだしました。

私、クリーニング屋に洗濯物を取りに行く用事があったので（わが町ではあらゆる店が一か所に固まっています）スーパーに行ってみましたら聞きしに勝る混雑でした。レジに並ぶ人の列、どこがおしまいだかわからない長い列、商品をとろうとしても、人が邪魔で行けないくらいの混雑。三日分の買い出しの分とは言えぬほどの買い物のヤマ。大きな米袋を三つも担いでいる人もいました。米を買いあさっている人がいると話には聞いたのですが、本当だ。でも、なぜ米？

私はずっと生協で物を購入、基本的にはそれで全部間に合っているのですが、先日生協の届け物を見て驚きました。いつも購入しているものが〝品切れ〟で欠品になっているのです。生協からの手紙を見ると、今までの購入では考えられないほどの量の注文で、生協では対応しきれないので、届けられなかった、とありました。生協にもトイレットペーパーや、ティッシュの大量の注文があるのだそうです。バナナまでないのには驚きました。バナナなどもつものでもなし、そんなに買い込んでも仕方ないのに、ね。私、このごろ朝、果物を食べるのですが、バナナを食べています。別に果物のプレートにバナナがなくても困りませんが、考えられない事実です。

とにかくこの混雑ぶり、身体に悪いと思いました。どんな集会より「三密」です。

結局皆さん、コロナを大変怖がっている、それで、都知事の自粛要請もよく守るのですが、どうも根本のところで、国や行政を信じていないのではないか、と思いました。

さきほど台湾のこと、申しましたが、台湾は非常に早くから手を打ち、それが成功したようですが、私が一番感心したのは、衛生関係の最高責任者の方が、毎日記者会見し、徹底的に情報を出し説明し、質問の全てに応えるのだそうです。これで民の信頼が得られたようです。それに対して日本の状況は……。

都知事の「今が最大のヤマ」の言葉に反論するつもりはありませんが、その前に検査体制を何とかしないと、本日の感染者と発表される数字が、本当に今日の感染者か、と思うのです。ステイホームもいいけれど、私はまずなすべきことは検査体制の改善ではないでしょうか。

本当になんとかしないと。検査を一手にひき受けている保健所の方も、もうぶっ倒れそうですから。

日本でも和歌山は近隣の府県の協力で成功しています。

私は図書館に行ってみて、書架や席にロープを張って人を締めだし、予約の本だけがカウンターで貸してもらえるのに驚き、疑問を朝日新聞の声欄に投書しましたが、反響多く、投書が出てから一か月、四月十五日に朝日新聞は反響特集を組みました。私は図書館を愛する人々の多さに感動しました。

四月になると、都知事のコロナに対する危機感発言が目立ち、自治体の集会場は全部閉鎖、図書館も全面閉館されてしまいました。

女性「九条の会」の内海愛子さんの講演会も、もしあれがひと月後だったら、開催できなかったと思います。会場の閉鎖とは凄いことを考えたものです。もう東京周辺では会は絶対にできません。でも、コロナは命の問題と言われたら、誰も反論できません。

しかし、訳がわからないことが多すぎます。小池知事は、生活用品や医療は今までと変わらないといったのですが、私の行っている皮膚科は休診に追い込まれています。この皮膚科医、タコや魚の目の治療が多く、外反母趾で足のタコが多い私は月に一度は削ってもらわないと大変なのですが、医院の看護師さんから連絡があり、休診するからというのでおどろきました。コロナのためというのですが、皮膚科の治療は体を寄せるからでしょうか。納得できないまま、じんま疹の薬だけ（じんま疹は、皮膚科が専門医なのです）処方箋を書いてもらいましたが、六十日分薬を頂いたので驚きました。皮膚科医はそれくらい、ステイホームが続くと思っているようです。でもタコの方は靴を履くと足に当たりとてもつらいのだけど……。

私の行きつけのクリニックに行き驚きました、連休に入るのでお薬を早めにもらいに行ったのですが、何時も朝八時四〇分から始まるのに、診察時間が午後一時から午後六時までとなっているのです。コロナにより、人員の配備ができないから、と言います。何のことかと思ったら、このクリニック、電気治療もやっているのですが、これが体が密接に近づいていけないらしいのです。電気治療は相当流行っていましたので、これができないと、看護師さんも、余ってくる（休

職させたのかしら?)。それでこんな診察時間になったようです。知らないで、電気の治療に来た人たち、皆驚いていました、

皮膚科にしてもこのクリニックの電気治療にしても、お医者さんの方から言いだして、休診にしたとは思えない、誰か偉い人がいうのでしょうね、都から? 医師会? 何だか妙ですね。とにかく、それでもコロナのためと言われればおとなしく従い、マスクをしていないで歩いている人を見ればにらみつける人あり、買いだめはすごいし、本当に変です。

●中山士朗から関千枝子さまへ

お手紙拝見し、新型コロナウイルス感染拡大の影響の重苦しさがひしひしと伝わってくるのを覚えました。ことに、「原爆の図」を展示する東松山市の「原爆の図丸木美術館」の新館建設の計画を直撃しているというニュースは、あらためてその影響の恐ろしさを感じずにはいられません。

お手紙にありました、関さんの朝日新聞への図書館についての投書に関して反響が大きく、一カ月後に反響特集が組まれた由。そして、図書館を愛する人の多さに感動した、と関さんは書いておられました。私も朝日新聞を購読していますが、私が住んでいる大分県では、朝日新聞西部

本社福岡本部で制作されるため、東京版の記事が割愛されたのではないでしょうか。残念でした。それにしても、自粛が要請される中にあって、女性「九条の会」で、内海愛子さんを囲む学習会を行われたり、展覧会などに行かれたりと、「行動する人」である関さんのお姿がありありとうかんで参ります。

それに比し、自粛が促される以前から、すでに自粛生活の我が身が思いやられずにはいられませんでした。

考えてみれば、被爆直後に顔のケロイドに鬱屈して、家に閉じこもってばかりいた頃のことに非常に似通った現象であることに気づいたという次第です。ですから、先の手紙でアメリカのトランプ大統領や日本の安倍首相が大型コロナウイルスの感染拡大の混乱について「戦争」という言葉を用いたことに反発を覚えた文章を書きましたが、その直後の五月六日付の朝日新聞に、対コロナ「戦争」の例えは適切か、と題した社説が掲載されていました。国民の生命を脅かし、経済にも大きな打撃をもたらす、その危機の深刻さを訴える狙いがあるとしても、新型コロナウイルスへの対応を「戦争」と例えることに、政治家はもっと慎重であるべきだろう、という書き出しではじまる論説が私の心を捉えました。

それによると、

トランプ大統領は、「戦時大統領」と名乗り、

中国の習近平国家主席は、この闘いを「人民戦争」と称した。

フランスのマクロン大統領も「我々は戦争状態にある」と述べた。

ドイツのシュタインマイヤー大統領は、国民に向けたテレビ演説で、「感染症の世界的拡大は戦争ではない。国と国、兵士と兵士が戦っているわけでもない。私たちの人間性が試されている」と語っているとあります。

そして、最後に、

「ひとびとの生命と暮らしを守るたしかな行動を促すため、冷静に考え抜かれた言葉こそ、政治家にもとめられる」

と結ばれています。

話が後先になりましたが、関さんの通院や薬の記録を拝読しながら、私自身の日常生活を振りかえりましたが、同病相憐れむというか、同じ苦難の道を歩んでいるのを強く感じました。

お手紙のなかにありました、「今年は被爆七五年、幼少期に被爆、やっと切り抜けたのに人生の最後に来てコロナ」と怒る人の言葉、まことにもって身に沁みます。

21

首相・都知事への不信と岡村幸宣さんの決意

二〇二〇年五月

●関千枝子から中山士朗さまへ

新型コロナウイルスに対する「緊急事態宣言」残っていた都と県、北海道なども全面解除になり、ほっとしている人が多いようです。ですが、私、小池都知事の「ステイホーム」の自粛要請を複雑かつ一面冷ややかな気持ちで見ていましたので、全面解除を手放しで喜べない気持ちです。季節的にもこれから夏に向かい、コロナは下火に向かうでしょうが、多くの専門家が第二波の襲来を言っています。全滅していないのだから第二波は当然あるだろうと思います。すると秋はどうなるのか。それより前、八・六、八・九はどうなるのか考えると、本当に心配です。

中山さんの前の手紙、コロナは戦争かどうかの論のことが書いてありましたが、私の周辺では、その論はもう少なくて、「コロナと共存」のことが多く言われています。確かに、人類は様々なウイルスに見舞われ、ワクチンの形で共存してきたと言えるのでしょうか。新型コロナのことが問題になってきた時、カミュの『ペスト』が読まれるようになっていると話題になり、そうか、ペストもウイルスだったのだと思い出したのですが、はるかに世代が下がり第一次大戦のころのスペイン風邪もウイルスだったのですね。あれも第二次感染があり、島村抱月がその第二次感染で死んだのですね。私そのことも今度、初めて知りました。百科事典では島村抱月を取り上げているのですが、舞台人としての業績や松井須磨子との恋は書いてあっても、死因は病死とだけ。スペイン風邪のことなど書いてないものですから。

サーズ（ＳＡＲＳ）は日本ではあまり流行らず、被害がひどかった台湾や韓国では、その経験から今回非常に対処がよかったようですが、日本では、まったく久しぶりのウイルスで、対処が後手にまわりました。

とにかく検査体制が悪く、保健所だけではお手上げの忙しさ。感染している人が放置され、検査してもらえないうちに重症になる、検査の結果が出るのも時間がかかり、遅れている、それらが根本的な問題と私は思いますのに、小池都知事がわめきだし、全都民の自粛、ステイホームを叫んだ。ウイルス疾患が蔓延した状態になると、確かに全面自粛の緊急体制をとるしか方策はないようですが、こうした検査体制のことなど少しも言わず、「命の問題」「あなた自身の問題ですよ」を繰り返す小池氏の態度に私は怒りました。

とにかく皆、恐れおののき、インテリというか、少し物を考える人の層が一番萎縮したと思うのですが……。安倍首相、小池都知事の態度は、市民の民主主義、自由の大切さを言いながらこうした緊急措置をとらざるを得ないことを国民に真摯に詫び、協力を要請したドイツのメルケル首相の態度と明らかに違っていました。安倍首相に至っては、火事場泥棒のように国家公務員の定年を引き上げる法案に検察官を入れる法案を通そうとするなどやることがめちゃめちゃと思っていました。そうしたら無理やり閣議で定年延長を決め、検事総長にしようとした黒川弘務氏がこともあろうに賭けマージャンで辞職ということになりました。これは、安倍さんにとっては想定外だったでしょうが。全国民が「人に会わないよう」自粛している最中に、麻雀です。(三密の最たるものと自粛を要請された企業の一つがマージャン荘です)。それに賭けマージャンとは。賭け事は国の法律で御法度なのに、検事が三年にわたってやっていたというから、弁明のしようもない、しかも相手が新聞記者というから嫌になってしまいますね。昔から取材先に取り入る新聞記者が大勢いることは知っていますが。黒川氏は週刊誌に暴かれて辞職したのですが、これが訓告という比較的軽い処分で退職金も規定どおりに支給され、その額は六千万円ですって。あきれてものも言えません。小企業に勤めて退職金ももらえないような人も多いのに、ね。

これで、内閣支持率は急落したのですが、安倍さんは、任命責任は私にあると言い、真摯に受け止めると言いながら、絶対に辞めようとしません。彼にとっては、何よりも来年オリンピックをしたい、オリンック会場で開催国首相としてふるまうことは、最高の舞台。その時に憲法も改悪しておきたいのでしょうが。小池都知事だってオリンピックの時に絶対都知事をしたい。この前、一言の失言で、支持を一挙に失った彼女、都知事選は七月です。大勝負の時です。彼女のステイホームの訴えに安倍首相も乗り、緊急事態宣言になりました。この宣言、外国などから見れば手ぬるいものに見えたようですが、国民はよく協力したと思います。かなりうまくいったのではないか。いわゆる進歩層というか、日ごろ政府に批判的な人々も「三密」に従い、すべての集会は延期、中止になってしまい、それを怒る人は誰もいません。

テレビなども日本人の高い品性をたたえ、日本だからこれだけのことができたと言い、政府は、最初の計画より早く、解除し、感染者の多い首都圏や北海道なども全面解除になりました。

でも、どう思います？　緊急事態宣言で、あまりに多くの人々が収入を失くし、ひどいことになってしまった。この人々に援助すると言っていますが、経済へのダメージの大きさ、何とか早く元に戻したいという焦り、それが解除を早めたのではないか。小池知事も都は自前の金を他県より多く持っているので、解除がこんなに早くなくてもいいと思ったのではないかと思うのですが。とにかく国とこのところ仲良くやっているようです。小池都知事はご承知のように自民党の都の組織とケンカし、都知事選に出馬、勝ってしまった。都の自民党としては、因縁もあり面白くない面もあるでしょうが、自民党の本部は今度の都知事選に自民党から候補を出さないとはっきり言っています。おそらく自民党と小池さんの間には、この話はついていたか、暗黙の了解があったのではないか、都知事選はもうすぐです。小池さんは知事選のこと一言も言っていませんが、今回のコロナ騒ぎで人気相当回復、今も毎日テレビで選挙活動しているようなものですから、恐らく当選間違いないでしょうね。

恐ろしいと思うのは第二波です。専門家たちも分からないと言いながら、第二波はあると思っているようです。多くの人は秋に来ると言っていますが。もし、大きな波が来たら。ＩＯＣは、来年夏に延期されたオリンピック、できるかどうか判定はこの十月、これでダメと言われたらもうこれ以上延期はなく、東京オリンピックは中止しかないと言っています。

日本の不安だけでなく世界中のコロナ騒ぎ、ヨーロッパは収まって来たようですが、アメリカやブラジルが大変です。殊にブラジルの大統領はトランプ以上にめちゃめちゃな人らしく、あんなものは風邪だと言い、サンパウロあたりの貧民街では酷いことで、これから南米に広がると大変なことです。コロナの騒ぎは今後どうなることやら、です。

ペストの騒ぎはヨーロッパの人々の考えを変え、ルネッサンスを呼んだと言いますが、コロナで日本人の生き方が変わるのか、私はどうも心配でたまりません。会場が閉鎖されているという問題も、ズームというのですか、オンライン会議が大流行です。私も、学習会をこれでと誘われたけれど、どうにも私の力では難しそうで断りました。私、皆で顔を突き合わせじかに話をする、これの良さを捨ててたまるかと思うのですが、どうももう、時代遅れのようです。でも、ねえ。

何度もお話をしている竹内良男さん、彼もヒロシマ講座、中止に追い込まれました。七月には再開できそうというのですが、三密はいけないと、十五人かせいぜい二十人くらいの学習会でないと開けそうもなく、頭を抱えています。でも、彼の凄いのは〈ヒロシマからヒロシマへ〉というA４の紙一枚の通信をこのところ毎日のように出し、ネットで会員（今までよく講座に来ていた人たち）に、配信していることです、彼は技術もあるし、この程度の通信を出し続けるのは、毎日でも困らないというか、負担にならないそうです。すごいなあ、と年寄りの私は感心するばかりです。

今年のヒロシマはどうなるか、何かとても心配ですが、頑張っている竹内さんのような方に心から敬意を表したいと思います。

ただ、私は不信感というか、どうも市民に対して、おかしいよと言いたい。ステイホームの要請が出ても、「行ってもいい」スーパーは超満員。小池都知事は三日に一回にしろと言ったのですが、スーパーに行ってみると大量に買い込む人でスーパーは前より混雑、密も密も超密。家族の多い人は買う量が増えるというのですが、それだけとも言えない「買い込み」を感じました。都知事は下々のことわからないとつくづく感じました。

私が利用している生協では先週は野菜だけで八品も欠品があり、これでは明日から生活できないので、スーパーに行ったら、超密だったわけです。生協では、今まで考えられないほどの注文が来て、生協の倉庫にも入らないし、対応できないのでというのですが。子どもが学校休みだったりして、買い物量が増えざるを得ないということもあるのでしょうが、ちょっと妙です。とにかく自粛期間、買い込み現象が起こったとしか思えません。

自粛がすんでスーパーに行ってみましたが、人が少ないのです。レジで待ち時間ゼロ。この事態をどう捉えればよいのでしょう。なんだか市民不信になってしまいそうです。

●中山士朗から関千枝子さまへ

私は目下、朝日新聞に連載されている瀬戸内寂聴さんのエッセイ『残された日々』を愛読していますが、とりわけ五月四日の「59　白寿の春に」を読んで心にしみるものがありました。

これは、瀬戸内さんが、冒頭に「満九十八歳の誕生日を明日迎えてしまう。数えでなら、九十九歳。白寿の祝いということであろう」と書いておられ、

「生きている間に、こんな誕生日を迎えることがあろうなどは、夢にも想像したことがなかった。コロナ騒ぎで、国中、ひっそりと蟄居生活を強いられているせいで、仕事も電話も、メールも、鳴りをひそめている。」

と書いておられ、最後に、

「百年目に訪れたというコロナ厄病に身をひそめながら、葵祭が誕生日という私は、生きてきた百年近い日をしみじみ振り返っている」

と述懐されています。

また、四月九日付けの新聞では、「58　コロナ禍のさなか」と題して、

「百年近くも生きたおかげで、満九十七歳の今年、とんでもない凶運にめぐり合わせてしまった。九十七年の生涯には、戦争というもっとも凶運の何年かを経験している。何とか生き残って、これ以上の凶運の歳月には、もう二度とめぐり合うことはあるまいと、考えていたところ、何と

百年近く生きた最晩年のこの年になって、戦争に負けないような不気味な歳月を迎えてしまった。新型コロナウイルスの発生と、感染拡大という事件が突発的に生じ、世界各国に感染者と死者が増大した。」

と語っておられます。

これを読んだ時、この十一月には九十歳になる私の心境と重なるものを覚えました、その心境と暮らしぶりは前回記したとおりですが、一昨日、テレビをつけてＮＨＫのニュース番組を見ようとしましたところ、いきなり、「原爆の図　丸木美術館」の岡村幸宣さんの姿が写し出されたのには驚きました。

この番組は二〇二〇年四月二四日の東京新聞によれば、新型コロナウイルスの感染拡大が「原爆の図」を継承する東松山市の「原爆の図　丸木美術館」の新館建設計画を直撃している。九日からの自主休館で入館収入がなくなっただけでなく、五月から始める予定だった米国でのクラウドファンディングの立ち上げが、当地の感染拡大で流動的になったことで、「原爆の図・記憶継承に黄信号が点った」と報じられていました。

岡村さんは、最後に丸木位里、俊夫妻の共同制作による「原爆の図」を前にして、「後世に伝え、残さなければなりません」と語っていました。

この場面は偶然出会ったものですが、それからしばらくして、六月二〇日の朝日新聞で鷲田清一さんの〈折々の言葉〉に出会ったことも驚きでした。

形のきれいな松ぼっくりだけ選んじゃ駄目よ。形の良くないのだって、面白いんだから。みんな同じ松ぼっくりなんだ。ぺしゃんこの空き缶だって、道に捨てた人と車で轢いた人と拾って工作する人の共同作品なのだと。（万年山えつ子）

丸木美術館で長く工作教室を担当した画家の万年山は、「原爆の図」を夫・位里と制作した丸木俊からこう学んだという。（中略）人が選ぶことの不遜をふと思う。

岡村幸宣の『未来へ　原爆の図　丸木美術館学芸員作業日誌 2011－2016』から。

とありました。

そして、岡村さんは、

「新館建設を断念するつもりはないが、延期や縮小も検討しなければならないかもしれない」と苦しい胸の内を語っていました。

こうした事実を知るにつけ、私たちの『往復書簡』も死ぬまで筆をとり続けなければと思った次第です。

オンライン会議と公開講座に感銘する

二〇二〇年六月

●関千枝子から中山士朗さまへ

この間のお電話で、食べ物を作るのが面倒になる時があると言われ、介護の支援が切られていると聞き、心配していましたが、お手紙が届き、ほっとしました。介護の支援という仕組み、介護のヘルパーさんも忙しくて嫌われるそうで、すぐ切られるようですが、ともかく何とかしてきてもらい、助けてもらうことです。中山さんのおうちは広いし、風呂の掃除なども大変だと思いますし、例えば布団を干すとか、シーツのような大きなもの干すの大変ではありませんか？　できないことはできないと言い、助けてもらうことです。それから人に来てもらうことは、いいことです。中山さんは、風呂で事故のことなど思うと心配で風呂に入れないなど言っておられましたが、そのためにも人が来てくれることはいいことだと思います。私も風呂やトイレの掃除、シーツなど大きなものを干す、などをやっていただくよう契約しています。ちょっとした助けで、安心して一人暮らしができればまことにいいことですから。

さて、コロナウイルスの「自粛」のさまをご自分の若い頃に重ね合わせて書いておられますが、中山さんは「自粛」などしておられませんよ。学校にも行き、小説も書き、サラリーマン生活もされ、ちゃんと社会生活を送っておられたので、今のコロナの、人と人との交わりを禁じるような「自粛」の要請とは全く違います。ウイルス感染を防ぐために仕方ないと、みな思い、協力しているのですが、腹立たしくなることがあります。同年配のヒバクシャ、外に出ようとすると家族に、止められます。彼女は、「大丈夫、私は元気なのに」と思いながら、もし感染したら家族に迷惑をかけると思うと外に出られない。そして閉じこもる。てきめん、足が弱りますから健康にもよくない。私は「コロナ症候群」といっていますが。

一番困るのは、集会室などが閉じられてしまったことです。予約していた集会も全部中止になり、大騒ぎになりました。緊急事態宣言が解除になっても、三密はダメ、人との間隔を二メートルあけろ。マスクをつけろ、手洗い励行。

コロナは人との接触、それも唾液やしゃべった時のしぶきで感染すると言われ、軽症者や感染の自覚がない人からもうつると言われれば、誰だってたじろぐし、怖い。「不急不要」など言われたらもうなるべく家に閉じこもるしかありません、しかし、「不急不要」って何でしょう。

ようやく会議場の閉鎖が収まり、集会が再開、ということになっても、「三密」はいけない、ということで、例えば五十人の会場でも十六、七人しか入れないことになります。部屋を貸すところからきつく言われますので。これでは貧乏な市民団体は、大きな部屋を借りなければならず、ものすごく高い参加費を参加者からとらなければやっていけない。大きい部屋が取れなければ、参加をお断りせざるを得ない、これでは、どんな団体だってやっていけません。
「三密」をあそこまで言う必要があるのか、私は疑問です。人と人との間隔を二メートルとれと言っても、込み合う路上で二メートルあけられますか？　スーパーは、レジのところに線を引き、間隔をあけて並べというので、長い長い列が棚の中まで続き、棚のところは人でごったかえしています。この方がよほど「三密」だと思うのですが。しかし、市民の間に染み付いた恐怖感――私だってコロナの感染力を無視するわけでなく、感染しても症状が出ない人があり、そんな人からもウイルスが出ているという事実を知っています。それでも、この「三密」騒ぎは何だろうと思います。とにかくこれを厳密に言えば、市民の会だけでなくあらゆる芸能、カラオケなどもやっていけません。資本のある大きな劇場は観客層を減らしてもなんとかやって行けましょうが、小劇団はアウトです、
そんな中でこのごろはやっているのがズームというのかオンラインの会議、私は始め、大変難しく思えて断っていましたが、先日、素晴らしいオンラインのシンポジウムに参加し、これはこれで素晴らしいと思いました。
その会は、私たちの子どもの年代が主催した会です。早稲田の私と同学年の友のお嬢さんも入っています。彼女らは五年前、「若者から若者への手紙」という仕事をやりそれを本にまとめました。つまり、一九四五年の若者（戦争体験者）の証言に、二〇一五年の若者が手紙を書くのです。証言の中には自分の辛い思い出だけでなく、兵隊にとられ、中国大陸に行き、ひどいことをした、

つまり被害と加害の両方を体験した人もいます。事実にしっかり向き合い戦争とは何か突き詰めます。凄まじい証言に、今の若者たちが、しっかり向き合って手紙を書きました。すばらしい本になりました。

この企画者たちは、本にしただけで満足せず、シンポジウムを開いたり本の英訳をしたり頑張っていたのですが、本が出てから五年目の今年、シンポジウムを企画しました。ところがコロナ騒ぎです。会が開けない状況の中で彼女らが考えたのが、オンラインシンポジウムです。私も参加（聴衆として）を求められ、私の技術で参加できるのか心配しながら、この会との今までの縁もあり参加申し込みました。参加は意外に簡単にできて、皆はきはきと平和や戦争について語るのに感動しました。また登壇者の中には今、ドイツにいる人、沖縄にいる人もあり、それがごく当たり前のように語り合う、こんなことがオンラインではできるのだと思い、びっくりしました。コロナ騒ぎでこの技術が広まったわけですが、これはいいことですね、不思議な気がします。参加者の私たちも手を挙げればしゃべることができ、それが画面に出るのですが、私のパソコンの部屋は散らかっているので画面に出ちゃうと大変と、手はあげませんでしたが、本当にびっくり。外国在住の方などが参加（登壇）するシンポジウム、私たち貧乏な市民の会では考えられない「贅沢」これが簡単にできるのですから凄いですね、

内容も核抑止力の壁に守られての沖縄の基地、そのなかで戦争はない。しかし、これが平和と言えるのか、とか、ドイツでは平和という言葉より、人権、民主主義ということがよく言われる

という発言もありました。ドイツもナチを担いだ加害の国、そして最後は庶民はボロボロに被害を受けた、その国の人の「態度」として、非常に感銘を受けました。

そんな中、六月二十七日、竹内良男さんの久しぶりの『ヒロシマ連続講座』がありました。コロナのため、二十人しか参加できないということです（普通なら四十人は入れる部屋です）。参加受付を始めたらあっという間に二十人になったそうです。この日の講師は丸木美術館の岡村幸宣さんなので、私もぜひ行きたかったのですが、この日を待ちわびている人の多さに、私は遠慮し、ほかに竹内さんや岡村さんと話したいこともあったので、会の終わった頃行く事にしました。

コロナ騒ぎの中でどんな様子か心配でしたが、申込者で欠席した人もなく、竹内さんも、いろいろ考えて、模様を映像にとり、ユーチューブで流すということで、よかったですね。会は四時までのはずですが熱心な質問が相次ぎ四時半ごろまで伸びました。

この会場は民間の施設で、この竹内さんの講座を最初から開いているところです。協力的で、七月からでないと貸室再開できないのに、この日からできることにしてくださり、人数もまあ、二十人くらいならいいではありませんかと言ってくださったそうです（自治体の会場ならこの規模の部屋なら十五人くらいに抑えられそうです。間隔を二メートルあけろ！ で）。でも、この参加者の中から感染者が出るなど到底思えません。小池都知事が緊急事態宣言を解除した後も感染者が減らない（このところ連日五十人以上）のに、アラートを出さない。夜の町の接待を伴う店で従業員の大量感染者が出ているのにそちらはあいかわらずで、この会議場の厳しい制限はゆるめません。不急不要の「三密」禁止です。どうも私は、反体制の集会などを恐れる政策としか思えないのですが……。

岡村さんに、先日の中山さんのブログを差し上げましたところ、とても喜んでおられました。講座終了後に喫茶店でお茶を飲みながら話し合いました。この店は座ってはいけないという×印もなく、結構隣り合って座ったのですが、皆平気でしゃべりました。でも、飛沫が飛ぶこともなかったと思いますよ。感染防止を言うなら、もう少しほかの方法があると思います。

例えば学校なども机と机の間をあけたり大変なようですが、子どもはどうしても休み時間などで互いに近寄ったり抱き合ったりじゃれます。二メートル以内に近づくな、など無理です。新学期を九月からにとか変な意見が出ていましたが、私ならこの際学級の定員を減らし（二五人くらいに）先生の数を増やすべきだと思いますが、そんなこと考えもしないようです。先生は生徒の分散授業で同じことを二度も三度も教えたり、くたくたのようです。

コロナ騒ぎで、被爆七十五年の年なのに、さまざまな集会が中止、広島の平和式典も参加者も限られ普通の市民はあの日の午前中は式典の傍にも行けないそうで、どうなっているのかと思います。私のフィールドワークも開催できず、学校などの慰霊祭もしないところが多いようで、わが校の場合もどうなるか、でも私はせっかく宿もとってあるし広島に行こうと思っています。

『二年西組』を朗読劇になさっている方も今年は中止が相次いでいるのですが、ある会の方から七月二七日に、大阪府島本町で講演できることになったという通知をいただきました。まだ詳しいことはわかりませんが、こんな状況の中でも被爆の話、核廃絶の思いは、言い続けたいと思っています。

●中山士朗から関千枝子さまへ

お手紙を拝見して、どんな状況に陥ろうとも闘い、強く生き抜いて行かれる、関さんの姿勢には感動せずにはいられません。

その後、瀬戸内寂聴さんの「残された日々」61、「書き残した《百年》」を再読し、感じましたことを述べてみたいと思います。

〈ふと気がつくと、こんな時、すぐ電話で便りを問いあった親しい身内やなつかしい友人のほとんどが、今はいない。彼等の命は果たしてあの世やらで、互いにめぐりあえているのであろうか。やがてそちらへ行きつく自分は、先に行ったなつかしい人たちに、果たして逢うことができるのであろうか。〉

〈出家して、四十七年にもなるが、あの世のことは何ひとつ理解できていない。親しい人、恋しい人はほとんど先に旅立ってしまい、あの世からは、電話もメールも一切来ない〉

この思いは、深く私の胸中にもあります。

瀬戸内さんの文章を読みながら、何時も亡くなられた河野多恵子さんを思い出してしまうのです。その原因は、丹羽文雄さんが主宰されていた「文学者」の会で、お二人が常に一緒の場面を見ていたからです。一度は、お二人が歩いておられる後ろ姿を拝見したことがあります。二度目は、丹羽先生の会があって、受付の前で順番を待とうとした時、「お先にどうぞ」と、声がかかり、ふと振り返るとそこに瀬戸内さんの姿があり、お言葉にしたがって前に進んだことが、今でも鮮明に思い出すことができるのです。河野多恵子さんとは「文学者」が再刊されるまでの間に同人雑誌として発行されていた「現実」で一緒でしたし、手紙の往復もありましたのでよく存じ上げております。

こんなことを考えておりますと瀬戸内さんの「親しい人、恋しい人はほとんど先に旅立ってしまい、あの世からは、電話もメールも一切来ない」という切実な思いが伝わってくるのですが、その一人は間違いなく河野多恵子さんだと思います。

話が横道に逸れてしまいましたが、それにしても、人々が関さんの言われる「コロナ症候群」に陥っている時、オンラインシンポジウムに参加して、オンライン会議を積極的に体験されるなど、生きるということの意味を教えていただいたような気がします。私なぞは、新しい言葉が生まれても、それに対応するだけの頭脳、体力の無さを感ずる年齢になってしまいました。関さんのご叱責も、当然のことだとかみ締めております。

話がすっかり横道に逸れてしまいましたが、今回のお手紙には、竹内良男さんの「ヒロシマへヒロシマから」通信に関さんが寄稿された文章が添えられていて、私にとってきわめて懐かしい「大石餅」の近況を知ったことでした。

この大石餅は、「通信」に詳述されていましたように、浅野内匠頭が吉良上野介を傷つけるという事件のあと、浅野家は広島の本家に引き取られましたが、その時、大石内蔵助の三男と妻、娘がついて広島に来て、その大石家が作った餅だという話は薄々聞いてはおりました。小学校の厳島神社への遠足の時、己斐駅から松並木が続く旧街道を入って間もなく、左側に大石餅の店があり、そこを通り過ぎて行ったものでした。

その大石餅が現存していることを知るに及んで、ぜひ食してみたいものだという味覚の里帰りを覚えます。そんなことを回想しておりますと、戦前、広島には本通りに「ちから」という甘味喫茶の店があって、母に連れられて行ったことが思い出されました。そこで、白い、小さな形をした「ちから餅」を食べた記憶があります。今になって思えば、「ちから」は、大石主税《ちから》に由来する店名ではなかったのでしょうか。

以上、そのようなことを回顧しておりましたら、その直後の大分合同新聞の、「原爆投下から75年」という特集記事の中に、広島を支えたお好み焼きについて、四歳で孤児となった女性が鉄板とともに生きた人生、『広島お好み焼き物語』を世に出した、三歳の時被爆した児童文学作家の那須正幹さんの証言が掲載されていました。

〈おいしいものはいろいろとあるだろうけど、食べ物というとついお好み焼きを思い出す。爆心地から約三キロの自宅で被爆した僕にとっては、戦後復興期の象徴。自分史にもつながっている。〉

〈そんな広島で、お好み焼きの発展は街の復興とちょうど一緒だった。物心ついたころ、焼け野原にはバラックが立ち並び、その中でぽつぽつと店ができた。少ない小遣いでも食べられる。皆、腹を空かせていた。〉

〈作家になって編集者から声が掛かり、『ヒロシマお好み焼物語』でルーツを探った。いろんな文献を読み、一日で四枚食べ歩いたこともある。あの日のことを後世に伝えたいとの思いから、原爆被害についても書きこんだ。〉


記録によれば、お好み焼きの原型「一銭洋食」は、一九一〇年から三〇年にかけて西日本で広まったと記されていました。

昭和五年生まれの私は、小学生の頃、県庁近くの中島新町というところにあった祖母の家にしばしば泊まりに行き、そのつど近くの老婆が営む一銭洋食の店に通ったものでした。

そして現在も、一人で一銭洋食を作り、食べています。

今日の手紙、食べ物三昧になってしまい申し訳ありませんでした。

岡村さんは、最後に丸木位里、俊夫妻の共同制作による「原爆の図」を前にして、「後世に伝え、残さなければなりません」と語っていました。

23

七十五年目のヒロシマ

二〇二〇年八月

●関千枝子から中山士朗さまへ

八月四日から六日、広島に行ってまいりました。いくら小池都知事が「不急不要」のお出かけはお控えください、他県へは行かないで、など言っても「不要」ではない、と思いまして。八・六の広島行きは、私の「決まり事」ですから。

今年は思いがけない新型コロナ騒ぎで広島もすっかり様相が変わってしまいました。毎年やっていた、少年少女たちの跡を訪ねるフィールドワーク、心配していたのですが、主催事業にしていただいていた広島ＹＷＣＡから、はっきり今年は無理と言われてしまいました。三密を避けなければということになれば、四十人参加のフィールドワークなどできません。ＹＷＣＡの方は、バスを仕立てて、あの疎開地作業で死んだリ、傷ついたりした少年少女たちの全ての地をたどるツアーも考えたいと言っておられたのですが計画は全部だめになりました。いろいろな催しなどができなくなり、広島市の式典も人数を絞った形で行い、一般の参加者は入れない、ということが伝えられましたが、私はそれでも広島行きをあきらめませんでした。

そんな時信じられない朗報が届きました。『広島第二県女二年西組』を、朗読劇にしてくださっているグループがあって大阪周辺に多いのです。これも今年中止が相次いでいたのですが、その中の一つのグループ（プロの俳優たちです）が七月二十七日に大阪府島本町の「反核・平和・人権フェスティバル」で上演することに決まったと、お知らせがあったのです。こうしたフェスティバルも今年は中止が多いし、奇跡のような話です。このグループはこの朗読劇に熱心で、去年も上演し広島で公演したいと言っておられたのです。それならと彼女らの台本に大幅加筆したのですが、それを上演するというのです。観客は二〇名にしぼるそうですが、驚きました。そして彼女たちは私と日程を合わせ、俳優四人で五、六日広島に来るというのです。こんな時の八・六に広島に来るという彼女らに感激、私は二年西組の関係地をご案内することにしました。

案内の方法ですが、大勢の人、タクシー一台では乗り切れませんので、大型の車を借りるしかなく、「ヒロシマ講座」の竹内良男さんにご相談、お願いしたのです。

その後、東京のコロナ感染者は増え続けました。四百を超す数が出たりして、緊張が高まる中、竹内さんが、「今年は広島行きを断念する」と言われました。竹内先生はここ三十五年八・六に広島行きをされています。なぜ？　それはほかのヒバクシャや原爆のことで活動されている方が広島行きを止められたこともあり、「コロナ蔓延の東京から行っても嫌われるのではないか。一応歓迎してくださってても本心は嫌なのではないか」と言われるのです。驚きました。でも決意が固そうなのです。

私は、ＮＨＫの出山知樹アナが広島に帰っている（これは変な言い方かもしれません。彼はもともと広島の人ではありませんが、四回目の広島勤務。彼の夫人は広島の平和ボランティアで、彼が転勤しても広島に残っていました）ことを聞いていたので、出山さんに電話してみました。彼は、六日の市の式典を実況するので（全国放送。中山さんもご覧になりましたでしょう？）五日はリハーサルがあり、お手伝いできないがと、ジャンボタクシーを手配してくださいました。出山さんが手配してくださったので、事は順調に運び、あっという間に準備完了です。島本町の公演も無事すみ、観客も共感してくださったようです。

そこへ、堀池美帆さんから広島に行きたいと言ってきました。もう社会人だから無理だろうし、こんな状況なのでと思ったのですが、結局、私と同じホテルをとってしまいました。例年ならこの時期、広島のホテルなどとれっこないのですが、今年はキャンセル相次ぎ、ホテルもガラガラ、客に大喜びのようです。

四日、新幹線は驚くほど空いていました。驚きました。これならコロナ予防にも文句ないはず。しかし、何だか妙ですね。

当日、私は鯉城同窓会に行きました。ちょうど熱心な職員の方がいらして、同窓会資料のことなどでいろいろご相談しました。この間、堀池さんには平和資料センターなどに行ってもらいました。

五日、大阪の方は（三人に減ったのですが）時間より早めに来てくださり、堀池さんも同乗して案内です。この大阪の俳優の方々は、第二県女の慰霊碑はすでに知っておられるのですが、まずここから始めました。なぜこの碑がここに建てられたかの話もしました。この碑は、広島にも他に例のない、町内会が持っている碑です。六十年前建てられた時、その後の維持に当時の町内会長さんが本当に熱心だったことを話しました。

それから二年西組の足跡をたどる案内です。最初、担任の先生が、生徒一人を抱き、一人を背に負ぶって倒れていらした日赤の前庭のところです。日赤はすっかり立て直され、昔をしのぶものは何もありませんが、位置だけは昔と変わらないこと。被災地とすぐ近くなのに、火の中、真っ暗な中をここまで来るのがいかに大変か（ここまで来れず川の方に逃げた生徒が多い）分かっていただきたいと話しました。

そして電車道を走り、御幸橋を通って宇品に入り学校まで。車で走るとすぐなのですが、少女たちが衣服が焼け焦げ、体中大やけど、歩くのがどんなに大変だったか。幾分わかっていただけたかと思います。

広島女専はいま県立大学、共学の大学になり、正門は昔と全く別の場所にあります、昔の正門は裏門として残っているのを一昨年私は見たのですが、なんとそれも、なくなっていました。驚いてしまいましたが、位置関係だけを説明し、昔、第二県女の一棟だけの校舎のあった位置を説明しました。その後、親友・為数美智子さんの家の跡をお見せしようと思ったのですが、一方通行なので大回り、竹内さんが広島市内の運転は、と嫌がられたわけが分かりました。そのあと私の家の跡に行きました。私の家の跡は今高齢者の施設になっていまして、有名な語り部・沼田鈴子さんが最期まで暮らした施設として有名です。我が家の北にあった広陵中学はもう郊外に行ってしまい、今はマンション街で、このあたりで、キノコ雲を見て、と説明するしかありません、そのあたりで一軒だけ昔からの古い家があって、一昨年までは昔のままあったのですが、今年は、まったく新しい建物になっていました。なるほど被爆建物が、減って行くはずだと思いました。

その後被服支廠に案内しました。私のクラスではここに来た人はないのですが、雑魚場地区で建物疎開作業中被害に遭った少年少女の多くがここに収容されましたし、わがクラスの森沢妙子さんの場合も兵器支廠と書いていますが、実はどちらか、よう覚えとらん、まあ、兵器支廠にしておいてくれと森沢さんのお父さん雄三さんが言われたので、もしかしたら被服支廠かもしれません。ここは倉庫が四棟残っているのに、それを一つだけ残して壊してしまえという県、国に対し、全部残せという保存運動が起っています。古い建物を耐震の手当をして保存すると莫大な金が要るというのですが。しかし、行ってみて、倉庫の大きいことに驚き、ここに何千人もの被爆者が詰め込まれた様を思い、耐えられない思いがしました。その後、時間があったので兵器支廠の跡に行ってみようと思ったのですが、驚いたことに運転手さんは、兵器支廠がどこにあったかも知りません。取り壊されてもう影も形もないのですね、ここで堀池さんのスマホが活躍、兵器支廠の跡は広大医学部の病院になっていることが分かり、行ってみました。中の建物の中に壁の一部が保存されているそうで、説明のプレートがありました。

この日はこんなことで終わり、明日六日は、広島の街や学校の慰霊祭相次ぐ中、私たちの学校の慰霊祭はしますので、明日そこへ来てくださいとお願いしてお別れしました。これで、五日の予定は無事終わったのですが、私はくたくたに疲れてしまいました。外に食事に行く元気も、食欲もなくなり、堀池さんがコンビニで買ってきたものの中で、冷たいうどんと豆腐がやっと口に入りました。堀池さんが来ると言った時、今年は大阪の俳優さんたちを案内するので、あなたにあまりかまってあげられないからと言ったのですが、逆に彼女のヘルプを受け、彼女が来てくれてよかったと思いました。コロナは大丈夫ですが（マスク、手洗いは当然、毎日検温も欠かさず）、自分の高齢化現象には驚きました。いろいろなところで彼女に助けてもらい、今度の広島行きは堀池さんのヘルプなしではできませんでした。

六日、慰霊祭。大阪の俳優さんたちは朝早くから来て参加してくださいました。第二県女の同窓会は高齢化のため解散、全面的に町内会に託しています。山中高女の方は広島大学福山分校の付属中、高校を継承校とすることに成功し、今慰霊祭は、町内会と山中同窓会の共催の形です。コロナ禍の今年も開催し、福山から若い生徒さんたちが来てくださり、感謝に堪えません。それに戦前、山中で教え、戦後第二県女の先生になられた平賀栄枝先生、今年数えの九十九歳なのに、福山から来られ参加されたのです。私を見て、「遠くからよく来てくれた」と涙を浮かべ、よろこんでくださいました。当時の先生で生きておられるのはこの方だけです。「来年も生きていて逢いましょう」との言葉に涙が出ました。

町内会の方も「まだまだ頑張ります」と言ってくださいました。ここも高齢化現象で大変なのに、ただただ感謝です。

この慰霊祭には、朗読劇に出て来る方、森沢妙子さんの弟紘三さんと、「二年西組」で欠席して助かった藤井秀子さんの娘さんの斉藤正恵さんが来てくださることになっていました。森沢さんは見えましたが、斎藤さんは見えません。斉藤さんは約束をたがえたり時間を間違えたりする方ではありません、電話も連絡つかず家を出ていることは間違いないが、事故でもあったのではないかと心配しましたが、仕方ありません。次の場所、動員学徒慰霊碑に行きました。ここまで行くのが大変ですが、出山さんの夫人が来てくださり、私たちを助けて車で運んでくださったのですが、平和公園は警備で大変、車を入れてくれません。動員学徒の碑は公園の外なのに。怒りながら碑まで歩きます。結構距離があって私はまたフーフー。動員学徒のところも今年は慰霊祭はしなかったのですが、献花に来る人があるので、役員の方は詰めておられます。

ここに本地文枝さんの甥、石川清子さんの姪の方がおられるので、俳優さんたちに紹介しました。本地さんのお母さんは詳しく被害を物語られ、朗読劇の中でも圧巻の場面です。本地さんは文枝さんのお兄さんの子どもですが、おばあさんや、文枝さんと似て細面で、なんとなく感じが似ています。

そんなことをしているうちに式典の中継を終わった出山さんも来られました。

この後、公園の北の方にある供養塔に行きました。広島原爆の誰のものかわからぬ遺骨を納めてあります。県議と兼任で広島市助役になり、広島を平和記念都市にするなどブルドーザーのような剛腕で働いた森沢雄三氏が四十万円という退職金を市に寄付、それで出来たのがこの供養塔です。森沢雄三さんは、身元不明の白骨の中に、行方のわからぬ娘・照恵さん（わが級友妙子さんの姉）の骨もあると考えたのでしょう。森沢雄三氏が戦後海に向かって「テルエー、タエコー」と叫ぶ場は朗読劇の盛り上がりの場です。供養塔の前で森沢さんは父の話、供養塔の話をなさいました。供養塔のことは案外知られていなくて、俳優の中のある方は去年もヒロシマに来られたのですが、ご存知ありませんでした。供養塔を見ていただいてよかったです。

斉藤さんだけが連絡つかず困っていたのですが、これまた堀池さんのスマホのおかげでやっと連絡がつきました、なんと彼女、五日に反核平和のデモに出て二時間も歩いたそうですが、その夕方気を失って昏倒、意識のないまま救急車で病院に運び込まれたそうです。六日の朝はまだ身動きできず、連絡もできなかったそうで驚きました。でも、事故などでなく無事が分かったし、堀池さんのスマホで聞いた声はもう大丈夫そうで、俳優さんたちとも連絡がつきました。

私、東京に帰ってから斉藤さんと電話で話しました。彼女は平和運動、核兵器廃絶運動に熱心で、私たちの学校の被爆二世の中で彼女のような方はおらず、感心しています。でも彼女も還暦です。「無理しないで、歳も考えて！」と言って笑いあいました。

今年の広島の八・六、縮小や中止ばかり、灯篭流しまでバーチャルとか、腹立たしくもある七十五年目でしたが、私は充実しておりました。疲れもあり、七日は早々と帰りましたが、新幹線はガラガラ、驚いてしまいました。コロナ防止のためには「最高の環境」のようです。

あとがき

二〇一二年から始めました私たちの往復書簡は、これまで、『ヒロシマ往復書簡Ⅰ～Ⅲ』『ヒロシマ対話随想』としてまとめることができました。そして、ここに『続ヒロシマ対話随想』を刊行することにいたしました。

今年は、戦後七十五年という節目の年とされ、戦争で生き残った証言者の談話が新聞紙上で取り上げられていますが、いずれの証言者も、私たちと同年代の人たちで、戦争体験を語っています。私同様に、残り少ない時間の人たちばかりですが、真剣に語り、戦争を否定し、平和な世界の実現を望んでいました。取材者は、自身を戦争体験者から直接話を聞ける最後の世代と言っていましたが、私は違和感を覚えました。そして、私たちが八年かけて綴った往復書簡集をぜひ読んで欲しいと思った次第です。

老人の繰り言になってしまいましたが、この八年間、発表の場を与えて下さった「知の木々舎」の横幕玲子さん、出版の労をとって下さった西田書店の日高徳迪さんに心からお礼を申し上げます。そして、往復書簡に誘って下さった関さんに改めて感謝、お礼を申し上げます。

中山士朗

関千枝子（せき ちえこ）。1932年、大阪市生まれ。
早稲田大学文学部ロシア文学科卒業。毎日新聞入社。社会部、学芸部記者を経て、1980年から全国婦人新聞（女性ニューズ）記者、編集長など歴任。現在フリー。2014年、安倍靖国参拝違憲訴訟原告（筆頭）。東京都在住。
主著：『広島第二県女二年西組―原爆で死んだ級友たち』（ちくま文庫／日本エッセイスト・クラブ賞、日本ジャーナリスト会議奨励賞受賞）『図書館の誕生―ドキュメント日野図書館の二〇年』（日本図書館協会）『この国は恐ろしい国―もう一つの老後』（農文協）『「母」の老後、「子」のこれから』（岩波書店）『ヒロシマの少年少女たち』（彩流社）他。

中山士朗（なかやま しろう）。1930年、広島市生まれ。
早稲田大学文学部ロシア文学科卒業。別府市在住。
主著：『死の影』（南北社、集英社『戦争×文学』第19巻に再録。『消霧燈』（三交社）『宇品桟橋』（三交社）『天の羊』（三交社、日本図書センター『日本原爆記録・13巻』に再録）『原爆亭折ふし』（西田書店／日本エッセイスト・クラブ賞受賞）『私の広島地図』（西田書店）他。

関千枝子 中山士朗
続 ヒロシマ対話随想［2018-2020］

2021年3月26日初版第1刷発行

著　者　関《せき》千《ち》枝《え》子《こ》／中《なか》山《やま》士《し》朗《ろう》

発行者　日高徳迪
装　丁　桂川潤
印　刷　平文社
製　本　高地製本所

発行所　株式会社西田書店
〒101-0051 東京都千代田区神田神保町2-34 山本ビル
Tel 03-3261-4509　Fax 03-3262-4643
http://www.nishida-shoten.co.jp

ISBN978-4-88866-658-9 C0095